A arte de tecer o presente
Narrativa e cotidiano

Cremilda Medina

Dados Internacionais de Catalogação na Publicação (CIP)
(Câmara Brasileira do Livro, SP, Brasil)

Medina, Cremilda, 1942-
  A arte de tecer o presente : narrativa e cotidiano / Cremilda
Medina. – 2ª ed. – São Paulo : Summus, 2003.

  ISBN 978-85-323-0848-1

  1. Comunicação 2. Jornalismo I. Título.

03-4169   CDD-070.4

Índice para catálogo sistemático:

1. Modelos jornalísticos : Jornalismo :   070.4

Compre em lugar de fotocopiar.
Cada real que você dá por um livro recompensa seus autores
e os convida a produzir mais sobre o tema;
incentiva seus editores a encomendar, traduzir e publicar
outras obras sobre o assunto;
e paga aos livreiros por estocar e levar até você livros
para a sua informação e o seu entretenimento.
Cada real que você dá pela fotocópia não autorizada de um livro
financia o crime
e ajuda a matar a produção intelectual em todo o mundo.

A *arte de tecer o presente*
Narrativa e cotidiano

Cremilda Medina

summus
editorial

A ARTE DE TECER O PRESENTE
Narrativa e cotidiano
Copyright © 2003 by Cremilda Medina
Direitos desta edição reservados por Summus Editorial

Capa: **Gaiola Estúdio**
Editoração Eletrônica: **Acqua Estúdio Gráfico**

Summus Editorial
Departamento editorial:
Rua Itapicuru, 613 – 7º andar
05006-000 – São Paulo – SP
Fone: (11) 3872-3322
Fax: (11) 3872-7476
http://www.summus.com.br
e-mail: summus@summus.com.br

Atendimento ao consumidor:
Summus Editorial
Fone: (11) 3865-9890

Vendas por atacado:
Fone: (11) 3873-8638
Fax: (11) 3873-7085
e-mail: vendas@summus.com.br

Impresso no Brasil

*Às cinco décadas de Brasil,
quatro delas de
comunhão afetiva
com Sinval.*

Sumário

Desatando os primeiros fios 9
A dama das miudezas 10
O diálogo possível 30
Narrativas da contemporaneidade 47
O gesto inspirador da arte 62
Cidadania à portuguesa 64
Povo e personagem 67
Ainda o gesto original 72
Mito e visão de mundo 74
Louco no melhor sentido: brasileiro 81
A vida no varejo 85
O vôo do sabiá 87
Tesouros do cotidiano 90
Ciência e sociedade 95
A visita dos afetos 100
Da difusão à relação 112
Retecendo epígrafes 120
Poética da interpretação 125
Para além da seca 137
Sublinhando a oficina 138
Atravessagem 144

Posfácio de *Paulo Roberto Leandro* 147

Desatando os primeiros fios

Manhã de janeiro, 2003, o país se move para tecer o novo ano, a arte de governar a esperança mobilizada nas eleições do ano passado. Olho pela janela e a cúpula das árvores da praça Buenos Aires quase me alcança. Bem antes de acordar, a passarada, sim, supera a altitude do décimo andar em que contemplo esse majestoso teto verde. Duas opções: sigo as asas das andorinhas e viajo ao futuro ou procuro no chão as raízes do momento.

O tempo histórico sempre me fascina na arte de tecer o presente. A memória traz à tona o ano de 1986. Fazia três anos que a família se instalara em Higienópolis e a curiosidade me empurrava para um passado remoto, queria descobrir as origens desse peculiar bairro de São Paulo. No coração, a praça, hoje *quintal* de minha visão terrena. O jardim, se bucólico para os que ali passeiam, guarda também significados e segredos dos personagens contemporâneos.

Ao iniciar os passos de reconstituição histórica de Higienópolis, na penúltima década do século XX, nada mais sedutor do que encontrar alguns dos heróis do presente. Muitos guardam as marcas de décadas, bem aqui, na vizinhança da praça Buenos Aires.

A *dama*
das miudezas

Conhece dona Arminda? A grega da lojinha de miudezas na praça Buenos Aires? Sim, já comprei linhas lá; aquela senhora é grega? É sim, e tem essa loja na praça há muitos anos, você deve procurá-la.

Outros me recomendaram dona Arminda, a judia dos armarinhos. Dizem que a farmácia e a loja dela são os estabelecimentos mais antigos no miolo de Higienópolis. Os imóveis testemunham décadas de conservação.

Dona Arminda, a grega, ou a judia, corre num pé só para atender a clientela. À volta dos 60 anos, inteira, de calças compridas, modernas no corte, cabelos pintados, unhas também, despacha com eficiência: a senhora que busca uma lã para acabar o tricô para o neto; o menino que quer caderno e cola Pritt; mãe e filha que vêm comprar um tipo especial de linha brilhante, para bordar; o senhor que procura um presentinho, brinquedo de preferência, para o neto que vai lá em casa hoje; a velha dama que escolhe outro presente, pode ser roupa, bijuteria, uma coisinha qualquer, a sobrinha não é muito exigente... Os tamanquinhos ortopédicos de dona Arminda, toc-toc, atravessam o Bazar Buenos Aires Ltda.

Não é grega. Nem judia. O sotaque a trai: é portuguesa.

Não quer dar entrevista. Uma vez, o *Jornal de Higienópolis* fez uma reportagem, vou-lhe mostrar, o repórter perguntou da loja, pois é, há trinta anos que estou aqui, na praça Buenos Aires, pronto, olhe, achei a reportagem. (Pequena matéria, várias pessoas incluídas, apenas um parágrafo para dona Arminda.) Está aqui, veja, eu disse que este bairro era muito diferente quando vim para cá, a praça, então, era um jardim familiar, as crianças andavam por aí à solta. Mudou muito, se mudou. São as transformações, que se vai fazer.

Dona Arminda não dá espaço para conversar; atrás do balcão, lá vai ela à vida. O entra e sai dos fregueses é contínuo. Nos fundos da loja, na mesa da contabilidade, o marido, mais de 80 anos, responsável pelo movimento financeiro. Arnaldo, um dos dois filhos, está ali na loja, uma espécie de vendedor auxiliar, comandado por dona Arminda: Arnaldo, pega lá um novelo vermelho; Arnaldo, atende dona Vanda; Arnaldo, vê se temos ainda pastas-arquivo; Arnaldo, pega a chave da vitrine... Mas ele quer bater papo. Moça, você é jornalista? Pra onde é a reportagem? Da minha mãe, vai ser difícil você arrancar alguma coisa. Tá vendo, moça, olha ali a dona Olívia, ela sim, pode contar histórias. Vai lá falar com ela, vai.

Uma senhora esbelta, discretamente vestida, espera a vez para comprar um retrós. Dona Arminda, a senhora tem linha cor de flanela de pano de pó? Esta aqui serve? Não, dona Arminda, é muito vermelha, precisa ser aquela cor das flanelas. Mas é para as flanelas mesmo? É. Minha filha comprou a metro, fez uma porção para o enxoval dela e me deu uma sobra do pano. Esta aqui, dona Olívia? Sim, essa sim. (Entro eu no assunto.) É verdade que a senhora é uma antiga moradora de Higienópolis? Desde que casei; por que você me pergunta? (Arnaldo já está junto.) Viu, dona Olívia, a moça aí está fazendo uma pesquisa. Eu não lhe disse que dona Olívia era ótima para a sua pesquisa? (Tento assumir.) A senhora então conheceu o bairro muito diferente do que é hoje. Eu sim, mas meu marido, então. Ele andava de bicicleta na rua Bahia, faziam corridas na rua, quando ainda era de paralelepípedos: na verdade, meu marido nasceu aqui e nunca quis sair. A família dele, os Prado, são dos primeiros moradores de Higienópolis, você precisa falar com ele. (Arnaldo, outra vez.) Viu, moça, eu não disse?, aproveita, aproveita que essa, sim, tem histórias para a sua pesquisa. Conta pra ela, dona Olívia, do prédio com o nome da sua sogra. (Dona Olívia Prado ri, complacente, diante das estouvices de Arnaldo, olha para mim, cúmplice, você entende, ele não é... É diferente.) Dona Olívia responde à provocação: o que o Arnaldo quer que eu conte é que morávamos num casarão da rua Bahia, mas, recentemente, não foi possível resistir mais ao movimento, ao barulho, e acabamos por vender a casa para construírem aquele prédio, o segundo lá na esquina com a praça Buenos Aires. Meu marido exigiu que o nome do prédio fosse o da mãe dele. Ali ficou a marca dos Prado. E não quiseram sair de Higienópolis, dona Olívia? De maneira alguma. Meu marido não quer de jeito nenhum, disse que só saía para outra casa, aqui no bairro. De apartamento, nem pensar. Conseguiram uma casa aqui? Felizmente sim, na rua Avaré. Apareça lá em casa que meu marido – ele é médico, está aposentado – vai gostar muito de conversar com você.

Dona Olívia saiu com apenas um tubinho de linha cor de flanela de pó, dona Arminda tem um minuto de sossego, quero saber de sua história. Afinal somos ambas imigrantes, vindas da mesma origem.

– Minha terra é Mogadouro, quer dizer, Mogadouro é a cidade mais perto do lugar onde nasci: Val de Porco. Isso mesmo, Val de Porco. O Roberto Leal, sabe quem é, não sabe? (O cantor português, não é dona Arminda?) Sim, claro. Pois ele é de Val de Porca. Tem Val de Porco e Val de Porca. Tudo Trás-os-Montes.

– Conhece, moça?

– Não conheço não, Arnaldo.

– Tudo atrás dos montes, sabia?

– Dona Arminda, e o que faziam seus pais antes de virem para o Brasil?

– Meu pai tinha uma loja de armarinhos, por isso isto aqui já é vício de família. Meu pai veio primeiro pra cá. Tínhamos parentes em São Paulo. Depois viemos nós, minha mãe e os irmãos. Éramos seis, quatro irmãs e dois irmãos. Deixe-me lembrar: foi em 1941, eu tinha 17 anos. Viemos no barco inglês, o Conde Grande.

Arnaldo não se contém.

– Nos porões do barco, não é, mãe?

– Viemos na terceira. Foram 18 dias que não quero nem me lembrar, tive enjôos terríveis o tempo todo. Só queria chegar, não agüentava mais. É, cheguei em 41 e logo depois, parece que durante a guerra, a guerra não acabou lá por 46? Pois aí eu já estava casada e viemos para esta casa. Era uma casinha toda arrebentada, de um sapateiro. Reformamos e fizemos a loja.

A ARTE DE TECER O PRESENTE

Chega uma senhora idosa e, como todas, velha amiga de dona Arminda. Arnaldo não se cala: ó moça, mais uma para a sua coleção. Dona Arminda, queria escolher um presentinho para a minha sobrinha. Arnaldo: e não vai escolher um para seu noivo? Dona Arminda ri e olha para mim como quem diz, não ligue para as bobagens do meu filho. Tenho aqui para a senhora uma coisa muito especial, a senhora vai gostar; mas, para presente é caro, isso que vou lhe mostrar é para a senhora, depois a gente escolhe outra coisa mais barata para o presentinho. Dona Arminda sai em busca do tesouro escondido. Arnaldo não perde tempo: a senhora aí mora há muito tempo na praça Buenos Aires. É, minha filha, há muito tempo, mas agora não é a mesma coisa, depois que fiquei viúva... (A velha senhora, frágil, tem dificuldade em articular as palavras, como se as procurasse no canto da memória.) Seu marido morreu faz muito? Quatro anos... E de que morreu? Olha, minha filha, eu nem sei... Os médicos disseram, eu não entendi direito, foi muito rápido, em quatro meses... Os médicos disseram que as *cédulas* dele estavam muito velhinhas, que não podiam operar, porque se tocassem nelas, se desmanchavam, os órgãos se desmanchavam. Ele não era tão velho assim, tinha 72 anos, como é que pode? Disseram também que era velhice precoce...

Dona Arminda chega com um estojo de veludo. Abre-se a caixa diante dos olhos espertos da velha senhora. Arnaldo logo se enfia na roda para enxergar. A habilidade mágica das mãos esguias de dona Arminda desembrulha uma pulseira imitando ouro, o cobre já gasto, opaco. Vê, que bonito, não é bem como a senhora gosta? Dona Arminda, acho que não vou ficar com ela não. Eu agora evito usar tudo que é coisa que chama a atenção, não vê o que estão assaltando aí na rua? Dona Arminda guarda o tesouro rapidamente. Nesse instante entram dois jovens pingando de suor, roupa e cabelos estilo *punk*, com brilho de gel. Vê, Arnaldo, vê o que os moços querem. Querem saber o preço de *spray*, tinta preta. Consultam-se e desistem. Saem como entraram. Arnaldo tentou, apenas tentou enturmar: vocês tomaram banho agora, né? Os jovens estilo *punk* nem responderam.

A velha senhora escolhe um *soutien* de rendas para a sobrinha, mas vai para casa consultar a irmã para saber se é tamanho 42 ou 46. Outra pausa na loja:

– *Dona Arminda, a senhora nunca mais voltou à sua terra?*
– *Voltei sim. Em 63, arrumei uma passagem, venderam aqui mesmo na loja, fui de avião e voltei de navio, a gente sempre traz muito peso... Pra lá, um vôo impressionante. Eu nem me lembro que avião era. Foi na* TAP.
– *Não eram os vôos mais baratos, dona Arminda?*
– *Era, era. Olhe, saímos e quando o avião pousou no Recife já foi difícil levantar vôo. Mas lá conseguiu. Aí, descemos na ilha do Sal, Cabo Verde, né? E foi assim: o avião foi descendo, foi descendo e póoooo na pista. A barriga dele se achatou no chão. E quem disse que depois ele levantava para ir embora para Lisboa? Foi uma dificuldade.*
– *E o medo, dona Arminda?*
– *Pois sabe que eu não fiquei com medo. Tinha certeza que o avião chegava lá e não acontecia nada.*
– *Como foi a sua volta a Portugal?*
– *Só passei por Lisboa, porque tinha comprado bilhete de trem – lá dizem comboio, você sabe – para Madri e para Paris.*
– *Tudo sozinha, dona Arminda?*
– *Ah, foi. Eu cá sou assim. Quando meto uma coisa em cabeça, não descanso enquanto não faço. Os meninos já estavam grandinhos, ficaram com o pai, arrumei minha mala e lá fui. Quando voltei, a loja estava virada numa bagunça, tudo cheio de pó, desarrumado, mas que se vai fazer... Arrumei tudo e pronto.*
– *Mas então nem viu sua terra?*
– *Pois não deu para ir a Mogadouro, não saí de Lisboa.*
– *E não pensou em voltar?*
– *É difícil. Muito difícil. Eu sou só uma para tudo aqui.*

Dona Arminda olha para o marido, Antônio Alves Lucas, mais de 80 anos, olha para Arnaldo, mais de 30, sua mão pousa no ar e a palavra completa o gesto: sou muito necessária aqui, não posso me afastar.

Das memórias de dona Arminda, tão difíceis de arrancar na labuta do bazar, vou buscar a arqueologia da praça e de Higienópolis. João do Rio, pseudônimo do dramaturgo Paulo Barreto, descrevia a modernização do Rio de Janeiro na passagem do século XIX para o XX numa frase sintética – *o Rio civiliza-se*. Isso me leva a Higienópolis, também nas primeiras décadas do século passado, a *São Paulo civiliza-se*, cantada por Mário de Andrade:

Higienópolis!... As Babilônias dos
meus desejos baixos...
Casas nobres de estilo... Enriqueceres em tragédias...
Mas a noite é toda um véu-de-noiva ao luar!
A preamar dos brilhos das mansões.
O jazz-band da cor... o arco-íris dos perfumes...
O dono dos cofres abarrotados de vidas...
Ombros nus, ombros nus, lábios pesados de adultério...
E o rouge – cogumelo das podridões
Exército de casacas eruditamente bem talhadas...
– Cavalheiro... Sou conde! – Perdão
Sabe que existe um Brás, um Bom Retiro?
– Apre'respiro... Pensei que era pedido.
Só conheço Paris!
Tenho os pés chagados nos espinhos das caçadas...
Higienópolis!... As Babilônias dos meus desejos baixos...
Casas nobres de estilo... Enriqueceres em tragédias...
Mas a noite é toda um véu-de-noiva ao luar!

A preamar dos brilhos das mansões...
A jazz-band da cor... o arco-íris dos perfumes...
O clamor dos cofres abarrotados de vidas...
Ombros nus, ombros nus, lábios pesados de adultério...
E o rouge – cogumelo das podridões...
Exércitos de casacas eruditamente bem talhadas...
Sem crimes, sem roubos o carnaval dos títulos...
Si não fosse o talco adeus sacos de farinha!
Impiedosamente...

– Cavalheiros... – Sou Conde! – Perdão
Sabe que existe um Brás, um Bom Retiro?

– Apre! Respiro... Pensei que era pedido
Só conheço Paris!

– Venha comigo então.
Esqueça um pouco os braços da vizinha...

– Percebeu, hein! Dou-lhe gorjeta e cale-se.
O sultão tem dez mil... Mas eu sou conde!

– Vê estas paragens travas de silêncio...
Nada de asas, nada de alegria... A Lua...

– A rua toda nua... As casas sem luzes...
E a mirra dos martírios inconscientes...

– Deixe-me pôr o lenço no nariz
Tenho todos os perfumes de Paris!

– Mas olhe, em baixo das portas, a escorre...
– Para os esgotos! Para os esgotos!

– a escorrer
um fio de lágrima sem nome!...

Mário de Andrade, "Colloque Sentimental"[1]

Maria Cecília Naclério Homem abre o primeiro capítulo de seu livro *Higienópolis – Grandezas e decadência de um bairro paulistano*[2] com o poema de Mário de Andrade. O primeiro parágrafo justifica a citação:

> Esse flagrante de Higienópolis e de São Paulo nos versos de Mário de Andrade, além de fortemente imbuídos de crítica social, traça-nos o perfil dos tipos que viviam em Higienópolis: a alta burguesia em São Paulo e das zonas que compunham a cidade.

Nos arquivos do Estado de São Paulo, embarco, pela mão de Maria Cecília, na memória deste que é um bairro simbólico do desenvolvimento da cidade. Ainda nos começos da Segunda Guerra Mundial, qualquer turista cansado de batalhas que chegasse a São Paulo tinha um passeio bucólico obrigatório: caminhar nas alamedas e bosques de Higienópolis. A avenida Higienópolis era um doce e apaziguado Bois de Boulogne. (Mais tarde, bem mais tarde, um chofer de táxi de-

---

1. ANDRADE, Mário de. *Paulicéia desvairada*, São Paulo, Livraria Alves, 1922.
2. HOMEM, Maria Cecília Naclério. *Higienópolis – Grandezas e decadência de um bairro paulistano*, 179º volume da *História dos Bairros de São Paulo*, editado pela Secretaria Municipal de Cultura, s/d.

sinformado e desenraizado dirá a muitos passageiros: para onde? Avenida Higienópolis? Ah, sei. Uma travessa da Angélica.)

Na direção oeste da cidade de São Paulo, rumo da expansão da alta burguesia do café do fim do século XIX para o início do XX, nos flancos do espigão da avenida Paulista, entre Santa Cecília, a avenida Consolação e o Pacaembu, nasceu Higienópolis, primeiro no lado ímpar da avenida que leva o mesmo nome, depois no lado par, galgando morro acima. No último quarto do século XIX, o pequeno burgo que se chamava São Paulo – 28 mil habitantes em 1875, décima cidade brasileira – repentinamente explodiu. Eram 200 mil paulistanos já em 1900. O burgo colonial, concentrado no velho centro de hoje (rua Direita, São Bento e XV de Novembro), se transforma na metrópole do café das primeiras décadas do século XX. São Paulo civiliza-se, como diria João do Rio em relação à capital federal.

Por mais que queiram atribuir a si esse florescimento civilizatório, os paulistanos da cepa desde logo contaram com a energia estrangeira: italianos, espanhóis, portugueses, alemães, ingleses, franceses, eslavos aqui aportaram e muito contribuíram para essas mudanças estatísticas – de 28 mil para 200 mil habitantes, em 25 anos. A historiadora Maria Cecília Naclério Homem aponta duas circunstâncias como decisivas para a metamorfose de São Paulo: a abolição da escravatura e a instalação da República, que dá autonomia aos estados. Foi assim que São Paulo pulou do décimo lugar para segundo entre as cidades brasileiras. Tornam-se visíveis imediatas benfeitorias urbanas: arborização, sistema de transporte coletivo (tílburis e bondes a tração animal), ruas alargadas, edificação de bairros residenciais e operários, o tijolo substitui a taipa, introduz-se a telha francesa, o pinho-de-riga, a ardósia, importam-se estruturas de ferro como as que deram suporte ao viaduto do Chá, os modismos da Europa vêm parar no ex-burgo colonial. Aliados aos materiais da Revolução Industrial (cristal, por exemplo), difundem-se os estilos da *Belle Époque*: neoclássico, neogótico, neobizantino. São Paulo, que não conheceu os ares da Missão Francesa como o Rio de Janeiro, ao enriquecer, saiu do colonial português para todos os "neos" importados da Europa. Passou do provincianismo ao ecletismo do fim do século XIX, início do XX.

"Será exatamente dentro desse processo de expansão de São Paulo, [...] balizado *grosso modo* pelas três últimas décadas do século XIX, que nasceu o bairro de Higienópolis." Maria Cecília insiste, porém, na estrutura classista do nascimento de Higienópolis, assim como Mário de Andrade reforça em seu poema. Bem mais tarde, analistas das ciências sociais – o arquiteto paulista Carlos Lemos, por exemplo – diriam que o povo viveu sempre nas periferias, e, os abastados, no centro. O primeiro fôlego de expansão se espraiou nas chácaras que circundavam o núcleo central. A elite paulistana ocuparia gradativamente a zona oeste da cidade numa trajetória que inclui Higienópolis, primeiro degrau de ascensão rumo à avenida Paulista. Caio Prado Jr.[3] explicaria: "à procura de terrenos mais altos e saudáveis". "Ares higiênicos" muito cotados pelos milionários das novas fortunas – industriais e comerciantes – descendentes dos primitivos colonizadores, estrangeiros recém-chegados ou imigrantes enriquecidos na Canaã americana.

Ainda segundo a reconstituição de Maria Cecília, surge, com a primeira explosão urbana de São Paulo, um novo procedimento na ocupação do solo – o loteamento. No bojo dessa novidade, a especulação imobiliária. Higienópolis é um dos primeiros exemplos do procedimento: a associação de dois alemães – Martinho Burchard e Victor Nothmann – forma uma empresa com o fim de explorar as terras de São Paulo. Os dois prósperos estrangeiros, ao lotearem as glebas de Higienópolis, logo pensaram em vender os bons e sadios ares a outros prósperos comerciantes ou profissionais liberais, muitos deles estrangeiros, anglo-saxões, que se instalaram em São Paulo em meados do século XIX. A esta composição de residentes no novo loteamento se deve, em São Paulo, a instalação do primeiro comércio de luxo: lojas, livrarias, hotéis, ateliês de alta-costura, grandes casas importadoras.

Por sua vez, os senhores barões do café iam abandonando suas fazendas e queriam residir na cidade, não no centro, cujas casas vão se desvalorizar rapidamente, mas em mansões cercadas de bosques e chácaras. Afinal, era viver na cidade e viver no campo, com belas vistas à volta. As atividades também mudam: deixam seus encarregados nas fazendas e vêm dedicar-se à política, à administração, ao comércio, à indústria, à exportação. Higienópolis é então o bairro mais elegante da cidade, povoado pelas famílias Silva Prado, Álvares Penteado, Pacheco e Chaves, Mendonça, Alves Lima, Ramos, Uchoa.

---

[3] PRADO JR., Caio. *Evolução política do Brasil e outros estudos*, 12. ed. São Paulo, Brasiliense, 1957.

Data de 1880 a mutação da chácara do antigo proprietário Joaquim Floriano Wanderley – evolução da sesmaria do Pacaembu, na Freguesia da Consolação – em loteamento florescente. Havia, nessas glebas, algumas formas de ocupação – o Hotel Higienópolis e os prédios da Escola Americana (de onde surgiu a atual Universidade Mackenzie). O clima dessas grandes propriedades e a origem dos títulos de posse das terras deram a Burchard e a Nothmann plena garantia quando as compraram do barão de Ramalho. Este já havia adquirido as terras de Joaquim Floriano Wanderley, mas não sabia o tesouro que possuía. Tanto que os dois alemães (que vieram para o Brasil como mascates) logo se afirmaram como empresários: Burchard chegou ao barão e lhe propôs duzentos contos. O barão ficou de pensar, mas lá com os seus botões achou um negócio da China. Aí veio Nothmann, num segundo momento, e lhe propôs 250 contos.

O barão de Ramalho se exclamou:

– Afinal de contas que história é essa, os senhores descobriram mina de ouro naqueles pastos?

O barão foi de palavra, vendeu as terras para o primeiro comprador com quem assumira compromisso. E perdeu a mina de ouro imobiliária que ali se desenvolveria. A 3 de junho de 1898, a Câmara Municipal autorizou as primeiras construções de casas nas avenidas Higienópolis e Itatiaia (hoje Angélica). Exigia-se: seis metros entre o alinhamento e a frente da casa, pelo menos, para jardim e arvoredos, e bem assim, um espaço não menor de dois metros de cada lado. Estava então selada a primeira grande ruptura com a tradição colonial portuguesa da casa à beira da calçada, janelas e portas junto à rua.

O empreendimento, de luxo, prometeu alguns privilégios no Brasil de então: água e esgoto, iluminação a gás, arborização e linha de bonde. A avenida Higienópolis recebeu plátanos, a rua Sabará, magnólias, nas demais ruas, carvalhos. O bairro se tornaria famoso também pelos serviços: escolas, lideradas pelo Mackenzie, a Escola Americana; casas de saúde, o Sanatório Higienópolis, a Santa Casa, com o Hospital Samaritano (1892). A oferta incluía um clima muito saudável, ou melhor, *ares higiênicos*. A avenida Higienópolis foi projetada para culminar em um belvedere, o Terraço Germaine, com deslumbrante horizonte pela frente: Perdizes, Freguesia do Ó, Santana e, ao longe, a serra da Cantareira. Burchard ainda tentou deixar sua marca no loteamento (Boulevar Burchard), mas o bairro se consagrou definitivamente como Higienópolis, nome sacramentado pela Câmara em 1894.

No início do século XX, o loteamento já se encontrava à mercê da Prefeitura, que se encarregou do alinhamento e calçamento (em paralelepípedos) das ruas. Doze anos, o tempo suficiente para dar a Higienópolis o charme de bairro mais chique da cidade. Em 1912, a aristocrática praça Buenos Aires, desenhada pelo paisagista francês Bouvard, ofereceria, na elevação central, uma vista deslumbrante (até hoje, a alegria das babás e dos bebês que freqüentam o pequeno paraíso). Lúcio Martins Rodrigues, professor de Mecânica Celeste da Escola Politécnica, montou um telescópio no mirante da praça Buenos Aires, um dos primeiros observatórios astronômicos da cidade.

A primeira casa de Higienópolis é de 1895 e pertencia a Franz Müller, seguida pelas de Henrique Trost e de Henrique Schaumann, médico, filho do fundador da Botica Veado d'Ouro. Logo após vão se instalando os senhores do café. Na primeira década do século XX, o bairro assume a primazia em São Paulo e depois de 1910 rivaliza com a Paulista. Por algum tempo, os residentes de Higienópolis querem manter o privilégio de ser a autêntica aristocracia, enquanto atribuem aos moradores da avenida Paulista a ostentação dos novos-ricos. Mas este purismo não resistirá por muito tempo. Por volta de 1920, já a classe média se infiltra junto à alta burguesia, e as casas alugadas se alternarão com as mansões de Higienópolis. Os impulsos da industrialização poluem as aspirações aristocráticas dos pioneiros que, se examinadas as origens, acusavam desde o começo a miscigenação.

Com perdão desta interrupção histórica, voltamos à praça Buenos Aires de 1986. Rosa, amiga de dona Arminda, vem conversar na loja. É vizinha da praça Buenos Aires, casada com português, dono de uma padaria. Também portuguesa e de Mogadouro: nasceu em terras transmontanas. (Apesar de dona Arminda ter nascido em Val de Porco, aldeia próxima, foi em Mogadouro que cresceu. De lá saiu, aos 17 anos, ao vir para o Brasil.) Os olhos de Rosa brilham ao falar da infância, com sotaque mais acentuado do que o de Arminda. Rosa também quer saber das histórias de Higienópolis, seus filhos adolescentes precisam pesquisar para a escola e ela ajuda. (Conto-lhe de minhas descobertas.) Então, no Arquivo do Estado, há livros sobre o nosso bairro? Ouça lá, e então isto aqui é muito antigo? (Falo do século XIX, do loteamento de Higienópolis, uma antiga sesmaria...) Rosa quer mais, prometo-lhe uma cópia do meu texto-resumo da história do bairro.

Dona Arminda não pára no bazar: o momento presente é mais importante do que desfiar as contas do rosário do passado. Não lhe doem as pernas, dona Arminda? Que vou fazer, tenho que dar conta do recado. Rosa fala baixinho: e você precisa ver lá em cima – a casa dela. Faz tudo, não tem empregada. Cozinha, arruma. Arminda chega-se a nós e aproveito a deixa de Rosa: a senhora não tem empregada na loja? Já os tive, sim, mas ultimamente resolvi dispensá-los. Muita incomodação. Até que aprendessem a fazer as coisas do jeito que eu gosto... Não que fossem desonestos, não. Mas não sabiam se determinar, organizar as coisas. Quando eu via, estava tudo desorganizado na loja. Prefiro fazer que mandar.

Não há fotografias nem muito interesse de recordar terras além-mar. Que pena, digo a dona Arminda. Para quê? Minha vida é aqui, você tem fotos de Portugal? Conto-lhe que meu pai, em Porto Alegre, tem uma gaveta cheia. Dona Arminda se lembra de uma história de foto: sabe como é que eu guardei uma foto? Fui ao centro e vi, na vitrina de um fotógrafo, em exposição, um retrato meu todo bonito. Chamou-me atenção porque estava na vitrina, imagine, eu toda arrumada, dessas fotos que os fotógrafos escolhem para chamar cliente. Então me lembrei que há tempos tinha precisado de fotografia e tinha feito aquela. Só assim para eu me prender a uma foto. Entrei na casa, encomendei o meu retrato e guardo até hoje. Olhe, faz tempo que não dou por ela, sei lá se ainda está por aí. Quando se arruma a casa, vai sempre muita coisa fora...

– Dona Arminda, não lhe dá saudade de sua terra? A senhora está contente com São Paulo, aqui com a praça Buenos Aires? (Pra que esta minha insistência?)

Apressadamente, ela responde, já vem chegando alguém na loja.

– Ó, nem ligo pr'essas coisas de saudade. Isso fica bem nos fados.

Tão logo surge uma brecha, o melhor é bater papo sobre Higienópolis:

– *Quando eu vim pra cá, claro, isto era muito sossegado, o jardim aí em frente era muito bom para as pessoas passearem. Hoje não, quem pode atravessar a praça à noite? Na minha casa, ouço gritaria todas as noites. Mas não podemos ficar nos velhos tempos, tudo muda, é o progresso. Minhas velhas freguesas continuam vindo à loja, chegam os novos moradores, gente jovem, os meninos que nascem e crescem e vêm aqui comprar os cadernos. Tenho muita freguesa que mudou de bairro porque não agüentava mais Higienópolis, mas vem de carro quase todas as semanas comprar alguma coisa na loja. São minhas amigas.*

Se dona Arminda não está disposta a relembrar tudo o que aconteceu no bairro, a historiadora Maria Cecília Naclério Homem provoca a imaginação do leitor diante das mutações da Babilônia. Até o final da Primeira Guerra Mundial, o cartão-postal de São Paulo para os ilustres visitantes era Higienópolis. Todas as modernidades civilizadas aí se difundiam e se discutiam. A própria Semana de Arte Moderna foi projetada em uma das mansões onde se hospedavam ilustres visitantes, como, por exemplo, o escritor francês Blaise Cendrars.

A passagem da órbita da *Belle Époque* para a cultura norte-americana fluiu com rapidez: recepcionados o avanço tecnológico e a euforia dos meios de comunicação de massa, os moradores de Higienópolis introduziram, no Brasil, o charleston, o vestido saco, a piteira, o chapéu de abas curtas enterrado na cabeça e os mais ousados começaram a tomar aperitivos. Pouco antes, já se dançava, nas festas e saraus das mansões, o tango argentino, o foxtrote, o *ragtime*. Ivonne Dommery (de origem francesa) montou na esquina da rua Maranhão com a avenida Angélica uma escola de dança e violão para os jovens do bairro. As moças do Colégio São Luís ou do Colégio São Bento, os estudantes da Escola Americana e os universitários do Mackenzie se divertiam muito com as novas modas dos Estados Unidos.

Mas nem tudo era luxo na passagem da década de 1920 para a de 1930. São Paulo experimentava, em Higienópolis, os prazeres da riqueza, mas nos bairros periféricos aparecem as tensões sociais: greves, lutas operárias, pobreza e exclusão. Na Vila Olga se tramava a Semana de Arte Moderna, e do outro lado da cidade, fundava-se o Partido Comunista. O Tenentismo e a Revolução de 1924 agitavam São Paulo; fundava-se o Partido Democrático. Vieram a crise de 1929 e a Revolução de 1930, que abalaram a economia do café. Prosseguiam, nos anos 1930, os conflitos sociais, e, às vésperas de Segunda Guerra Mundial, o bairro de Higienópolis teimava em se distinguir da avenida Paulista e dos Jardins – onde então moravam os ricos – como a pátria sagrada dos aristocratas. No entanto, a classe média – técnicos e artistas, profissionais liberais, filhos de imigrantes – se expande pelas ruas Itambé, Sabará, Mato Grosso, Itacolomi, Cubatão, Aracaju, Rio de Janeiro, Pernambuco, Mangabeira, Goiás, Pará, Sergipe, Alagoas, Piauí, Maranhão, Bahia. Após a Segunda Guerra Mundial, o ato final: Higienópolis é o novo cartão-postal brasileiro.

Não foi possível frear a explosão. Os saudosistas da tranqüilidade, do bucolismo do bairro, ou se lamentam ou vão embora. A maioria vai mesmo. A partir dos anos de 1950 se dá a grande metamorfose. Foi a Segunda Guerra (como a Primeira) que deu outro impulso ao desenvolvimento de São Paulo, a ponto de o *slogan* da época cognominá-la Chicago Sul-Americana, um milhão de habitantes. Era inevitável a expansão da malha urbana: os ricos buscam os novos terrenos do oeste, e os encontram nos Jardins. Higienópolis fica superada. À exceção da alta burguesia que vivia em casas próprias, as demais eram alugadas à classe média. Os pobres já tinham chegado a Higienópolis, residindo em vilas operárias e em cortiços.

Acontecem, também nos anos de 1950, fatos decisivos para as mutações: o concreto armado e o elevador sustentam a expansão vertical do bairro. A insuficiência de transportes para atender a cidade atribui um valor especial a Higienópolis: é importante morar no centro de São Paulo, no bairro mais bem servido de infra-estruturas urbanas. Em 1960 triunfa o apartamento. Higienópolis, muito velozmente, se transforma numa floresta de tijolo e concreto armado.

No quarto centenário de São Paulo, o orgulho de seus habitantes cria outro *slogan*: "A cidade que mais cresce no mundo". E o ano de 1954 foi batizado como o marco do descontrole no planejamento urbanístico da cidade. Maria Cecília então identifica a decadência da majestosa Higienópolis: perdeu definitivamente a "pureza higiênica". Hoje, se classificado com realismo, não passa de um bairro secundário de São Paulo, padrão classe média, mas continua com fama de pioneiro. Nos anos de 1950 introduziu-se a moda dos condomínios, com áreas de lazer, portarias requintadas e piscinas. E, na década de 1980, quando a casa, a mansão, está desvalorizada por causa dos assaltos, da violência urbana, os últimos vestígios da Higienópolis da década de 1940 estão sendo destruídos: no lugar de velhas casas, edifícios de apartamentos de mais de mil metros quadrados. A propaganda imobiliária vende espaços seguros, ótima rede de serviços, escolas, universidade, hospitais, clínicas, clínicas de repouso, salões de beleza, supermercado, lojas personalizadas, butiques, cinemas e teatros muito próximos, o centro da cidade, os Jardins, tudo à mão, transportes abundantes. (No final do século xx, surgiria um *shopping center* no coração de Higienópolis.)

Não obstante os puristas chorarem o paraíso perdido, o bairro começou com um loteamento bem logrado no final do século xix e permanece uma gleba – hoje vertical – de especulação imobiliária, ao compasso do descontrole da cidade de São Paulo.

Perdeu-se a vista do horizonte. Mas a terra continua fértil em histórias humanas. O bazar da praça Buenos Aires que o diga:

– *Conheço dona Arminda há mais de trinta anos, não é, dona Arminda?*

– *Ó dona Zizinha, eu me lembro de um sobrinho seu entrar na loja a gritar: já sei ler, já sei ler...*

– *Os meus sobrinhos estão formados, dona Arminda. Com mais de trinta anos. E a senhora se lembra que eu caí num buraco aí na praça e o seu menino veio me acudir? Era um menino muito delicado. A senhora, dona Arminda, já podia ter uns netinhos...*

– *Se os meus filhos resolvessem casar... Pronto, dona Zizinha, aqui está a linha que a senhora queria. É esta a cor?*

A freguesa saiu e dona Arminda explica:

– *O nome dela é Amair, costuma dizer que viraram Maria às avessas. Acho que é minha freguesa mais antiga. Agora não ouve bem, mas também está com quase 80 anos.*

Tento mais uma vez a pergunta que não cala: a senhora está mesmo radicada aqui, não é? Apesar do leve sotaque, não se sente portuguesa?

– *Pra lhe falar a verdade, não sinto mesmo, minha vida é aqui.*

– *Se lhe oferecessem para ir morar em Trás-os-Montes?*

– *Ah, não ia. Tenho a impressão de que se me pusessem lá agora, já não me dava bem, não me acostumava.*

– *Mas a senhora veio com 17 anos, deve lembrar de tudo?*

– *Lembro, lembro. Olhe, lembro e não lembro.*

– *Por exemplo, o que a senhora aprendeu de loja não foi na do seu pai, em Val de Porco?*

– *Pois foi, aprendi tudo que sei hoje até os 12, 13 anos. A escola que tinha lá, foi a que pude fazer: aprendi a ler e a fazer contas. Sabe que é engraçado: uma vez, tinha aqui comigo uma secretária e ela me viu fazer a prova dos nove. Você sabe o que é a prova dos nove? Pois ela não sabia o que era aquilo, me perguntou, dona Arminda, o que que a senhora está fazendo?, eu continuei, tenho esse hábito, porque quando a gente tem dúvida nas contas faz a prova dos nove e a coisa fica certinha. Então você não sabe o que é este troço, menina? Ela ficou muito admirada, veja só: aprendi a prova dos nove na minha terra e nunca mais esqueci.*

A loja cheia outra vez. De repente, uma senhora que quer, rapidamente, tecido para capa de travesseiro, corda para varal, agulha de buraco grande – porque a neta está aprendendo a bordar –, elástico bem grosso para alça de *soutien*, linha rosa, não essa, dona Arminda, um rosa-lilás, também não é essa, essa sim; outra moça que quer trocar a lã que comprou na semana passada, a cor não era bem essa, ah, dona Arminda, tenho uma nota aí que não paguei, é de janeiro, será que a senhora acha?; uma jovem carioca, não sou do bairro, a senhora pode me informar se tem aí rendas?; a babá se atrapalha com o carrinho de criança, dona Arminda chama para furar a fila, o que você quer, minha filha, vem logo, senão a criança vai chorar aqui dentro; já outro carrinho de bebê entrou na loja, uma criança nissei e outra de olho azul se encontram no corredor do Bazar Buenos Aires; mais uma velha senhora fura a fila das freguesas; dona Arminda, a senhora tem aí um zíper marrom?

Antônio Alves Lucas e seu filho Arnaldo Fernandes Lucas entram na loja. Vêm das compras: é preciso repor o estoque de bonecas, acabam de visitar algumas fábricas. Arminda batalha no balcão, o velho companheiro, 82 anos, toma assento na escrivaninha onde faz a contabilidade, observa o movimento.

– Senhor Lucas, o senhor ainda não me contou a sua história?

– Ah, eu tenho uma história muito bonita.

– De onde o senhor é, lá em Portugal?

– De Valença, no Minho.

– Então o senhor é quase galego?

– Mas não sou. Sou português.

– Veio para o Brasil quando?

– Deixe-me ver. Foi exatamente no dia 29 de abril de 1929.

– Bem antes de dona Arminda?

– Pois claro. Eu nasci antes. E vim pro Brasil com 25 anos. Do campo. Toda a minha família trabalhava no campo, todos muito pobres. Eu, antes de resolver vir embora, passei por muitos trabalhos, até fome passei. Não, não tenho vergonha de contar que cheguei a pedir esmola nas portas das igrejas. A menina quer mesmo saber da minha história?

Lucas embala:

– Vim embora sozinho, sem nenhum sustento. Para comprar o bilhete, da terceira, no navio, foi preciso me emprestarem dinheiro, que não tinha nenhum. O primeiro lugar onde morei foi na rua das Flores, no Rio de Janeiro. Fui trabalhar nas docas, meu serviço era descascar a ferrugem nas caldeiras dos navios que aportavam no Rio. Sabe lá o que é trabalhar nas caldeiras? Não agüentava mais de 15 minutos, tinha que largar, descansar um pouco daquele calor, e aí voltava. Em 1930 resolvi mudar de emprego, meti-me na roça em Jacarepaguá. Mas também não durou muito, porque logo arrumei pra ser engarrafador na Antártica. Aí os padres franciscanos me descobriram e lá fui trabalhar com eles como porteiro, outras vezes na limpeza. Mais tarde resolvi trabalhar na Confeitaria Colombo, conhece? Em 1939, um frade meu amigo veio para São Paulo e me convidou para visitar o Mosteiro de São Bento. Ah, gostei. Vim trabalhar como porteiro do mosteiro. Daí a uns tempos meti na cachola que tinha que comprar uma quitanda. Não tinha dinheiro, mas arrumei um negócio por três contos, que paguei em prestação, a primeira graças a um empréstimo de um amigo, eu não tinha nada no bolso. Era no Canindé e fui morar na casa da quitanda. Depois – eu não lhe disse que eu tenho histórias? –, depois comprei uma chácara em Valinhos. Com as frutas que tirei de lá fiquei famoso em São Paulo. Principalmente os *figos. Olhe, chegava na Estação da Luz com as caixas de figo e num de repente sumiam todos. Tinha gente que ia esperar por mim, gente fina, ricaço de São Paulo, Lucas pra cá, Lucas pra lá, minhas frutas eram um sucesso. Montei negócios de carrinhos, barracas de frutas no Brás. Políticos, gente da polícia, pobres e ricos, eram todos meus amigos. Só o Jânio – que já nem me lembro mais o que ele era no governo – me expulsou de um dos meus pontos. Mas veio o Adhemar e mandou que me chamassem para o mesmo lugar. Aí eu já tinha mudado de rumo. Dois sujeitos – pai e filho – me convidaram para abrir uma padaria. Imagine: eu, como sempre, sem o dinheiro para empatar no negócio. Eles entraram com três contos e eu com nada, mas era sócio. Quando fui passar a minha parte na padaria para comprar outra, arrumei sessenta contos na venda. Foi em 1946 que decidi vir trabalhar outra vez e fiquei 12 anos ali bem no centro.*

– Seu Lucas, e dona Arminda, como é que ela entrou na sua vida?

– Por esses tempos.

Dona Arminda, sorrateira, se aproxima da conversa:

– Foi quando você inventou aquele passeio a Santos, não lembras?

– Pois é. Juntei um grupo de rapazes e moças...

– Mentira. Moça era só eu.

– Então, seu Lucas, o senhor já estava de olho na dona Arminda.

– Ah, pois estava. Mas então juntei um grupo que por azar eram treze. Ela não aceitou, tu te lembras?

– Eu sempre ouvi falar que treze dá azar.

– Aí um dos meus amigos desistiu na última hora e sempre fomos em doze para Santos.

– Quando casaram?

– Casamos em 1945 e comprei esta casa porque Arminda queria porque queria trabalhar com armarinho. Não me arrependo, nem da casa nem de ter casado com ela. Vou lhe confessar uma coisa, na presença dela, podes ouvir, Arminda, o que digo não é segredo: esta mulher que está aí vale por quatro. E digo mais: ela acertou comigo e eu acertei com ela.

– Além de tudo, o senhor sossegou na praça Buenos Aires, depois dessa vida tão agitada.

– Não sosseguei nada. Isto aqui não pára. Não vê o movimento?

– Nunca houve crise para o senhor?

– Nunca. Tudo o que desejei na vida, consegui. E fiz tudo sem dinheiro. Todas as viradas de negócios, os investimentos em casas, nos imóveis foram sempre a prestação, contando com empréstimos. Tenho amigos banqueiros de mais de trinta anos. Só lhe conto uma história. Uma vez, precisei de trezentos contos de empréstimos, fui a um banco, o dono era meu amigo, por causa das frutas, e consegui sem pagar um centavo na hora. Pouco tempo depois encontrei o homem e ele ficou a saber que eu queria muito ir a Portugal. Emprestou-me mais dez contos, vai lá, homem, não te preocupes, pagas quando der. Esse banqueiro meu amigo morreu e eu fui acertar contas com o filho. Cheguei lá e ele estava ao par dos trezentos contos, mas não sabia dos dez. Falei pra ele nos dez contos e paguei. Comigo é assim. Por isso nunca me faltou ajuda. Tem banqueiro, menina, que chega pra mim e pergunta: Lucas, precisas de dinheiro? Olha que a burra está cheia e bem cheia.

Lucas, como dona Arminda, não admite que se fale mal do Brasil. Nunca enfrentou problema político, exceto o incidente com Jânio Quadros. Gosta de bater no peito e declarar: tenho muitos amigos. Uma vez, entrou na contramão na rua Garoto, no Brás, o guarda apitou, ele parou. Quando o policial o viu – ó seu Lucas, o senhor por aqui? Paguei-lhe uma Caracu e ficou tudo arrumado.

Nas barracas de frutas de Lucas, pelo que conta, políticos, guardas de trânsito, banqueiros e outros poderosos degustavam seus figos de Valinhos. Já sobre mudanças econômicas como a do Plano Cruzado de 1986, tudo bem, acha que as coisas correm como devem ser. Afinal, aquilo de comprar estoques, atulhar a loja com mercadoria, para especular na inflação, não está certo. Não mudou de comportamento: sempre comprou tudo à vista, por isso tem créditos em qualquer lugar da praça de São Paulo. Os preços estão congelados, certo, faz as contas dele, leva tudo na ponta do lápis. O contador vem com aqueles livros complicados, ele prefere a tabelinha simples: controlo tudo que compro e tudo que vendo e pronto. Precisa mais?

O futuro é tranqüilo para Lucas e Arminda: cada um dos filhos – Arnaldo e Antônio, este engenheiro – têm seis propriedades. Arminda interfere:

– O Lucas já fez a partilha direitinho pra depois não dar confusão. Não há forma de a indústria imobiliária tentá-lo na praça de Buenos Aires. O núcleo de velhas casas – a do Bazar, as da vila e a do

açougue ao lado – pertence à família que não abdicou até aqui nem abdicará nunca, garante Lucas, destes bens.
– Não há perigo. Estas casas vão continuar onde sempre estiveram.
Lucas, descontraído, resolve fazer a última revelação:
– Arnaldo, ó Arnaldo. Vai lá dentro buscar a foto dos sanfoneiros.

Dona Arminda, contida, se envergonha:

– Homem, não faças isso.
Arnaldo já foi e já voltou:
– Essa, moça, você não sabia. Meu pai, sanfoneiro.

A foto é lida por Lucas:

– Este aqui sou eu, toco sanfona e canto, ih, muito tempo; esse é o cantor, o único que ainda vive e toca comigo; o guitarrista, que já morreu, é esse aqui também. Éramos danados. Tudo que é romaria, lá íamos nós. Toquei em Monte Santo, muitas vezes em Sapopemba. Músicas portuguesas e brasileiras. Ainda agora nos reunimos no sábado passado, gravamos duas fitas, que um amigo meu vai pra Portugal e lá vão as fitas. Você gosta? Ah, então da próxima vez que meu amigo, o cantor, vier aqui a casa, vou chamá-la.

O diálogo possível

Dona Arminda, a guerreira do bazar da praça Buenos Aires, continua olímpica e eficiente na gestão do seu negócio neste janeiro quente de 2003. É bem verdade que perdeu o companheiro; Arnaldo ainda está ao seu lado, mas a velha dama das miudezas permanece firme na decisão de atender seus fregueses. Nunca contratou funcionários e faz as contas em qualquer plano econômico brasileiro ali no bico de pena, ou melhor, na esferográfica e na lucidez da matemática do cotidiano. Mais o controle de qualidade que ela garante na prova dos nove...

O mergulho nesta história e de outros moradores de Higienópolis deu suporte à minha tese de doutorado, defendida na Universidade de São Paulo, em 1986. Antes de entrar na defesa conceitual do *Diálogo possível*, era preciso tecer a narrativa do presente, experimentando a linguagem dialógica. A saga da dona Arminda se compõe com outros anônimos (textos inéditos) para *mostrar*, *encenar*, mais do que *demonstrar*, o eixo teórico que dá o título da tese: *Modo de ser, mo'dizer*.

Nesse, como em qualquer outro momento acadêmico, os fios da ação prática e os da reflexão teórica se entretecem. Só mesmo para efeitos formais, a tese se desdobra em duas partes. As aventuras humanas de Higienópolis estão reunidas sob o título *São Paulo de Perfil*; e o outro texto sistematiza a pesquisa do *Diálogo possível*. Também na minha prática pedagógica não se divorciam as duas vertentes. O projeto de ensino-aprendizagem, tal qual me informaram os professores de Didática na Universidade Federal do Rio Grande do Sul, no início dos anos de 1960, não fragmenta a dinâmica do processo. O educando funda seu aprendizado e alça vôo na criatividade, quando percebe o significado das noções teóricas na experiência viva.

Não é por acaso que o embrião de 1986 se transformou numa série de narrativas sobre São Paulo. Em 2003, lançado o 25º livro da série São Paulo de Perfil, acumula-se uma experiência que vem amadurecendo do século passado para o início do século XXI. Peço licença ao leitor para rastrear como se teceram esses fios numa teia coletiva – meus alunos-autores e o desafio de reger um coral de vozes.

Primeira cena (São Paulo, 1990): um policial acabara de ler *Vozes da crise*, o segundo livro-reportagem da série São Paulo de Perfil e, entusiasmado, perguntou ao professor de português, *eu queria ler mais um desses livros, o senhor pode me emprestar?* O professor ficou surpreso, afinal, um PM do segundo grau noturno tão interessado assim em leitura... Não se conteve: você gostou do livro? *Gostei muito, professor. Sabe de uma coisa? Com esse livro, eu que conheço muito bem o lado da polícia, aprendi como são as pessoas do outro lado.*

Segunda cena (Nova York, 1980): dez anos antes do flagrante acima narrado, um jornalista norte-americano me mostrava um conjunto de pequenas brochuras que contavam a história oral de personagens anônimos nova-iorquinos. Cansado da vida na grande imprensa, Arthur Tobier se agregou, já em plena maturidade profissional, a um grupo de artistas do East Side e começou a escrever uma série de histórias de personagens da cidade que jamais chegariam à consagração nos meios de comunicação ou nos documentos oficiais. Cada livrinho, subsidiado por uma fundação, era incorporado como leitura de histórias imediatas na rede de escolas públicas do East Side de Nova York. Ou seja, os meninos da periferia do grande mundo moderno e capitalista, na maioria hispano-americanos, se identificavam com os heróis (ou melhor, anti-heróis) que travam a luta do cotidiano.

Aqueles quase folhetos de trinta, quarenta páginas saíam a cada dois meses com histórias de vida dos anônimos. Na escola, a leitura desses folhetos corria ao largo dos livros didáticos, mas os alunos preferiam a linguagem jornalística e se identificavam com as *aventuras* narradas, colhidas dos depoimentos de protagonistas escolhidos por Tobier. (Infelizmente, na era conservadora do presidente Reagan, com os cortes de subsídios à arte e à cultura, o projeto desapareceu.)

As duas cenas se entrelaçam na gênese e definição do Projeto São Paulo de Perfil, que criei na Universidade de São Paulo em 1987. Quando passava por Nova York, em janeiro de 1980, a série de publicações de um parceiro de desgostos, gerados na experiência da grande imprensa, tocou fundo no meu subconsciente. Ainda batalhava intensamente no jornalismo diário, sobretudo porque se vivia, no Brasil, a fase da abertura política, da redemocratização. Numa editoria de artes e cultura de um jornal influente como *O Estado de S.Paulo*, a equipe por mim coordenada se lançava com paixão e convicção à luta contra a censura, contra o cerceamento de atos e idéias, emprestava as técnicas de comunicação à voz coletiva e às vozes corajosas dos artistas, que organizavam caravanas de protestos a Brasília, assinavam manifestos, se mobilizavam em entidades de classe. Esse espaço jornalístico cobria com fervor os movimentos rebeldes.

Essa força-motriz se expandiria coletivamente até 1984, quando o povo nas ruas se tornou protagonista do ato culminante – o movimento das Diretas Já. A derrota, em abril desse ano, coincide com a quebra do tônus criativo da resistência cultural no trabalho jornalístico. As empresas, então voltadas para a modernização tecnológica (a era da informatização), passam a tolher o que de forma quase orquestrada consideravam ímpetos esquerdistas extemporâneos. Perdem-se ou se atrofiam as grandes narrativas e se valorizam os projetos técnico-formais como, por exemplo, os recursos de computação gráfica, a fórmula da notícia curta, descarnada, os gráficos da quantificação sobre os comportamentos humanos. Histórias de vida que dão sentido aos contextos sociais ficam à deriva perante a pirotecnia visual e gráfica.

Em estado de insatisfação e inquietude deixei o jornalismo diário em 1986 (aí me iniciara em 1963). Decidi voltar à Universidade de São Paulo de onde saíra, na repressão, em 1975. Com o doutoramento em 1986, delineou-se não propriamente a Idade da Razão segundo a receita das Luzes, mas a Idade da Emoção segundo o Hemisfério Sol ou a aventura do Hemisfério Direito fertilizando o Hemisfério Esquerdo. (Estava então às voltas com as especulações dos

A ARTE DE TECER O PRESENTE

hemisférios cerebrais que, segundo autores da época, propunham a predominância da racionalidade no hemisfério esquerdo e a predominância da emoção no direito. Também estudiosa das teorias culturais, peguei de empréstimo do companheiro e escritor Sinval Medina a metáfora do *Hemisfério Noite* para o Norte e *Hemisfério Sol* para o Sul do planeta.)

A tese de doutorado – *Modo de ser, mo'dizer* – não rezou segundo a cartilha ortodoxa da gramática acadêmica, mas se pautou pela experimentação. O *Diálogo possível*[4] (título da segunda parte da tese) pode traduzir um projeto de pesquisa para efeitos formais, mas, para além da ciência normal que Thomas Kuhn[5] aborda, é uma busca enraizada nos valores humanos preservados na caminhada técnica e profissional. Por isso, a teorização da entrevista jornalística se deslocou da técnica para a arte do diálogo.

Surge assim a série São Paulo de Perfil que, adotando o suporte livro, veicula a grande reportagem ou, na denominação atual, narrativas da contemporaneidade. Esboça-se então um projeto de reconstituição do rosto multifacetado de Brasil que se constrói no caos contemporâneo e nas tribos que habitam São Paulo. A curiosidade primeira: quem são os anônimos que fazem o cotidiano da cidade-síntese do País? Onde estão, por aí, as donas Armindas a que a grande imprensa (o jornalismo) não dá voz?

O projeto se funda nos objetivos assentados no tripé ensino, pesquisa e extensão, não se podendo desvincular nenhuma das três finalidades. Essa, a vocação plena de uma universidade. O processo se alimenta desses complexos desafios, e a acidentada experiência se desenrola a partir de 1987. Documentos, registros de convênios educativos, depoimentos de leitores e de autores atestam esse histórico. No laboratório de formação de novos jornalistas, na pesquisa de uma linguagem dialógica (desenvolvida também com grupos interdisciplinares de jovens ou de alunos da terceira idade) e na recepção ativa dos leitores externos à universidade se acumulam preciosos subsídios para a narrativa que se reporta à realidade contemporânea.

A propósito, vem agora, em primeiro plano, o depoimento de uma jornalista, ex-aluna do Projeto:

---

4. *Entrevista, O diálogo possível*, São Paulo, Ática, 1986 (extraído da tese de doutoramento *Modo de ser, mo'dizer*).
5. KUHN, Thomas. *A estrutura das revoluções científicas*, São Paulo, Perspectiva, 1989.

Hoje eu não sou mais uma estudante. Faço parte do mercado de trabalho cada vez mais estreito, à procura de gente criativa, com novas idéias, com vontade de fazer Jornalismo. E é exatamente aí que o Projeto São Paulo de Perfil age. Ele abre uma janela que vai além dos limites estabelecidos. Incentiva a criatividade do futuro jornalista e desperta o interesse pelo leitor. Qual o jornalista que consegue ver a cara de seu leitor, ouvir sua voz, críticas e elogios? Se eles existem, com certeza são raríssimos. O projeto possibilita o diálogo entre escritor e leitor. Um diálogo enriquecedor para ambas as partes.

Patrícia Teixeira, São Paulo, 1994

A linguagem dialógica de que fala Patrícia Teixeira, ou o signo da relação, norteia o projeto pedagógico que venho desenvolvendo, primeiro, no ensino de segundo grau (de 1964 a 1967), posteriormente, no ensino superior (de 1967 a 1970), na Universidade Federal do Rio Grande do Sul, e na Universidade de São Paulo (de 1971 até hoje), com a interrupção dos anos de chumbo (1975-85). Já desde minha formação didática pelo curso de Letras, que completei paralelamente ao curso de Jornalismo na universidade pública do Rio Grande do Sul, a pesquisa do diálogo social me seduziu. No exercício do jornalismo elegi como prioridade a prática do repórter como um mediador social dos discursos da atualidade. Era inevitável que os mais recentes planos de trabalho se inspirassem na pesquisa do signo interacionista, a linguagem relacionadora.

Venho observando, por experimentos pedagógicos, que o aluno de Jornalismo ou de outras áreas de conhecimento chega à proposta de Narrativas da Contemporaneidade com certas atrofias que impedem a criatividade de que fala Patrícia Teixeira. A formação técnica do jornalista se sintoniza com o histórico da escolaridade que, por sua vez, reflete a visão de mundo corrente na cultura ocidental, filha das Luzes: usamos, no dia-a-dia, uma racionalidade esquemática que não se alimenta da intuição criativa e, por isso, nos contentamos com a rotina.

A partir de resultados colhidos ao longo das últimas décadas que reforçam teorias como a da cibernética social[6], a oficina pedagó-

---

6. A cibernética social é uma proposta transformadora aplicável à educação, à comunicação e às ciências humanas. Ver GRECO, Milton. *A aventura humana entre o real e o imaginário*, 2. ed. São Paulo, Perspectiva, 1984; e *Interdisciplinaridade e revolução do cérebro*, 2. ed. São Paulo, Pancast Editora, 1994; GREGORI, Waldemar de. *Cibernética social I e II*, 2. ed. São Paulo, Perspectiva, 1988.

gica provoca a ressensibilização do hemisfério direito, ou as intuições sintéticas e, em conseqüência, a aceleração de ações criativas, organizadas, aí sim, pela inteligência lógico-analítica. Ao longo dos próximos capítulos, esta proposta vem acrescida de práticas narrativas e reflexões teóricas, mas, na essência, trata-se de humanizar as fórmulas que constituem as técnicas da inércia profissional, na vitalidade do cotidiano anônimo.

A pedagogia de um novo jornalismo recupera o prazer e o desejo solidário de descobrir pessoas como dona Arminda, Arnaldo, Lucas. Torna-se então mais sutil a interação ao contexto social em que vivem. Ao mesmo tempo, a expressão jornalística reflete uma marca autoral, inovadora. A experiência, no entanto, não se inscreve no experimentalismo gratuito ou sedento de modismos. Vale a pena recuperar aqui um depoimento que dei a um jornal sindical (*Unidade*, 1994), em que testemunho uma síntese dessa pedagogia.

No projeto de formação de jornalistas que pesquiso desde 1967, quando fui convidada a trabalhar como docente na Universidade Federal do Rio Grande do Sul, tem sido cada vez mais oportuno enfrentar a complexidade ao mesmo tempo ética, técnica e estética. O avanço da cidadania, as conquistas democráticas ou as lutas da sobrevivência se refletem na história do Jornalismo, que põe em evidência os impasses morais. Por outro lado, a tradição profissional acumula, para além das facilidades tecnológicas, os desafios técnicos. E as assinaturas autorais mostram o significado social quando inovam na estética da narrativa.

Ora, em ambientes pedagógicos – mais favoráveis na universidade pública, mas também em algumas instituições privadas – é possível desenvolver essas aptidões conjuntamente, observando e motivando os estudiosos numa oficina permanente. Para isso tenho me valido de fundamentos que progressivamente vêm recebendo contribuições de várias áreas do conhecimento científico, da arte e de outras sabedorias cotidianas. As informações hoje à disposição do estudioso no que tange a complexidade cerebral oferecem subsídios inestimáveis ao ensino de Jornalismo. Lidar, então, com as virtualidades lógico-analíticas, intuitivo-sintéticas e motor-operacionais fertiliza a capacitação profissional. Este laboratório desperta os vínculos indissociáveis da ética com a técnica criativa.

Dito desta forma parece abstrato. Concretize-se, porém, nas práticas profissionais da pauta à execução e retorno de determinada matéria. As técnicas de trabalho – as que informam o aprendiz de Jornalismo – pecam por esquematismo tanto no que se refere às decisões éticas quanto à inventividade estética. Aplica-se o modelo mental *quem, o quê, quando, onde, como e por quê*, equaciona-se a notícia por um *lead* sumário (abertura de matéria jornalística) e narra-se um fragmento da história por meio da pirâmide invertida. Aparentemente esta técnica (e suas variantes próximas), já impregnada na memória profissional, é um sucesso histórico a partir do século XIX. Estão aí as agências de notícias internacionais que consagraram as fórmulas. No entanto, qualquer situação-limite da humanidade provoca nos jornalistas lúcidos e nos analistas uma angustiada reflexão a respeito das insuficiências da herança e da modernização técnica e tecnológica. De acordo com parâmetros éticos universais, esta gramática jornalística não dá conta das demandas coletivas.

Mostra-se também frágil uma ética rigorosamente regida por preceitos, códigos, normas de conduta. A busca racional de tais princípios marca a trajetória do pensamento ocidental dos gregos ao sociólogo alemão Jürgen Habermas, para citar apenas um contemporâneo. O problema que se propõe: a moralidade, no seu caráter universal, e as atitudes éticas de cada cultura não passam exclusivamente pela racionalidade lógico-analítica, mas também pelo desejo que se expressa por intermédio de profundas intuições. O gesto moral explode dos afetos, da sintonia solidária com o inconsciente coletivo. Estão aí os artistas que compreendem como ninguém os motes da aventura humana e criam a linguagem que expressa os desejos.

Da inter-regulagem dos *insights* e dos argumentos lógicos se desencadeiam estratégias operacionais sensíveis e competentes. O empobrecimento técnico-ético-estético dos ambientes empresariais não proporciona condições de aperfeiçoamento ao estudante ou ao estudioso da linguagem dialógica. Daí a oportunidade da pesquisa no ambiente universitário.

Em Moçambique, o poeta africano José Craveirinha me confessou: "Ainda não me sinto digno de escrever sobre meu povo. Preciso crescer para estar à altura de narrar a saga coletiva". Quem sabe essa não é uma boa inspiração para os jornalistas.

A série São Paulo de Perfil não tinha, à origem (1987), uma estratégia de pauta definida. Os alunos de terceiro ano do curso de Jornalismo se envolviam com a re-humanização das pautas, a reportagem de aprofundamento, a busca de identidade cultural, a compreensão do cotidiano, dos tempos e dos espaços da atualidade brasileira, paulistana e paulista. O final de semestre culminaria com um produto coletivo, um livro-reportagem monotemático. O mote de atualidade em 1987 era o da Constituinte e assim se decidiu a pauta do *Virado à paulista*, que reuniu o perfil de 17 constituintes por São Paulo. O lançamento, já no ano da Constituição, 1988, culminou com um debate no estúdio de rádio do Departamento de Jornalismo e Editoração da Escola de Comunicações e Artes e logo depois veiculado pela Rádio USP. Ao debate compareceram deputados que faziam parte do livro. Este tema, tão estritamente datado, volta e meia traz surpresas quando, em anos de eleições, reaparece em programas educacionais e alguns professores requerem a presença dos alunos-autores em classe. Os que escreveram os primeiros livros e até os mais recentes já estão integrados ao mercado de trabalho e muitas vezes fica difícil convidá-los para o reencontro com seus textos numa sala de aula de segundo grau, em São Paulo ou fora da cidade.

A repercussão do primeiro livro da série e, em seguida, do segundo – *Vozes da crise* –, também realizado em 1987, provocou uma política editorial composta por eixos temáticos. Um deles, quem faz o perfil de São Paulo; outro, quais os grandes enfrentamentos de quem vive e sofre a atualidade; uma terceira pesquisa levanta histórias dos bairros da cidade, espaços periféricos ou do interior do estado de São Paulo. Assim, um conjunto de títulos tem se reportado aos fluxos migratórios e às diferenças culturais brasileiras. Outro conjunto de narrativas procura compreender os desafios que essas populações enfrentam no contexto sócio-político-cultural da contemporaneidade. Fazem parte da primeira família os nordestinos, os hispano-americanos, os judeus, os índios, os italianos, os africanos, os portugueses; na segunda família, histórias que recuperam os significados da experiência social da crise, rebeldia jovem, habitação, periferia urbana, educação, lazer ou religiosidade. E o terceiro fôlego de livros que vai ao encontro do reconhecimento espacial. Assim como os diferentes tempos culturais das migrações criam o perfil de São Paulo, também os bairros dão à cidade singularidades que se cruzam no seu cosmopolitismo. A pesquisa já se lançou à periferia e ao centro da cidade, às linhas do metrô ou a um bairro com cinco séculos de história, a Freguesia do Ó (sem contar o piloto do projeto que aborda Higienópolis e histórias como a da dona Arminda)[7].

Uma significativa vocação aflora no fato de a série São Paulo de Perfil constituir um projeto de extensão universitária. A pesquisa da linguagem dialógica e a formação de um novo jornalista mais criativo, competente e solidário exige parâmetros externos, informados pela recepção ativa dos leitores. Procurei em 1988 a Comissão de Cultura e Extensão da USP, posteriormente uma das pró-reitorias, formulei um projeto de pesquisa e pedi bolsas de iniciação científica ao CNPq. A partir daí, a pesquisa se insere no campo institucional. Nada como o depoimento de uma bolsista histórica, hoje jornalista, mestre em Comunicação e Semiótica e doutora em Sociologia:

> *Em 1989, livros debaixo do braço, começamos as negociações com a Secretaria de Estado da Educação para um convênio de leitura, em sala de aula, do Projeto São Paulo de Perfil. Éramos, quase sem-*

---

7. A série São Paulo de Perfil é composta das seguintes edições, por ordem cronológica: *Virado à paulista* (1987), memória de 17 constituintes por São Paulo; *Vozes da crise* (1987), relatos populares que interpretam a crise brasileira; *Nos passos da rebeldia* (1988), três décadas de movimentos estudantis; *Forró na garoa* (1988), histórias de nordestinos em São Paulo; *Hermanos aqui* (1989), a saga dos hispano-americanos na Paulicéia; *A casa imaginária* (1989), problemas habitacionais e representações simbólicas de lar; *Paulicéia prometida* (1990), história de judeus que chegaram ao planalto; *À margem do Ipiranga* (1990), o cotidiano nos extremos da metrópole; *A escola no outono* (1991), o sonho de uma primavera na educação; *O primeiro habitante* (1992), mitos e lamentos do índio; *Farra alforria* (1992), como São Paulo brinca; *Tchau Itália, Ciao Brasil* (1993), histórias de vida dos italianos; *Guia das almas* (1993), vivências religiosas na terra de Anchieta; *Nau dos desejos* (1994), a viagem secular do imigrante português; *Vamos ao centro* (1994), um passeio ao coração de São Paulo; *Axé* (1996), no retorno da herança negra; *Tietê, mãe das águas* (1995), no leito do rio e seus afluentes; *Bem viver, mal viver* (1996), há qualidade de vida em São Paulo; *Mundão véio sem porteira* (1997), tradição e cultura caipira em São Paulo; *Chá de bambu* (1998), a infância e o século XXI; *Cotidianos do metrô* (1999), viagem no ambiente das estações; *A viagem ao sol poente* (2000), a contribuição da migração japonesa; *Ó Freguesia, quantas histórias* (2000), era a paragem paulistana; *Sagas do espigão* (2002), noventa anos de medicina e vida. Estes livros se encontram à venda no Departamento de Jornalismo e Editoração da Escola de Comunicações e Artes da Universidade de São Paulo, rua Prof. Lúcio Martins Rodrigues, 443, Cidade Universitária Armando de Salles Oliveira, CEP 05508-901, São Paulo – SP.

A ARTE DE TECER O PRESENTE

pre, atropelados por mudanças nos cargos diretivos, a licença ou as férias de funcionários com os quais tínhamos mantido negociação, a iminência de greves, crises orçamentárias. Resolvemos, então, investir experimentalmente em outra frente: um colégio particular de primeiro e segundo graus, o São Vicente de Paula, na Penha (Zona Leste).

Optamos por alunos da segunda série do segundo grau, que ainda não viviam o desespero do vestibular nem tinham nostalgias do ginásio. Os alunos podiam optar por um dos três volumes da série – Vozes da crise, Nos passos da rebeldia, Forró na garoa –, vendidos a preços reduzidos. Depois, faziam um comentário da leitura por escrito que nós – e os professores de Língua Portuguesa – analisávamos.

Algumas surpresas: a maioria dos estudantes decidiu ler os três livros. Em suas leituras, três aspectos eram muito fortes:

1) A sedução da linguagem e dos temas – muitos deles destacaram sérias desavenças, em sua histórias escolares, com a leitura de clássicos, de obras recomendadas pelos professores. Jornais e revistas, achavam chatos. Mas os livros da coleção eram, para eles, rápidos de ler, bonitos e diferentes.

2) A solidariedade de um olhar carinhoso – jovens da classe média, moradores de um bairro periférico, eles estavam na incômoda proximidade da pobreza, sem serem pobres. Uma posição muito propícia ao desenvolvimento de preconceitos. O choque de ver o outro – o nordestino, o morador de rua, o estudante com militância acadêmico-partidária tratado com carinho foi uma iluminação para aqueles jovens e também para mim (como profissional, desenvolvi, a partir daí, uma grande preocupação em captar o outro onde ele se encontra, em não macular sua dimensão histórica pessoal).

3) A desmontagem da moral da história – mergulhamos nos textos, os nossos jovens rapidamente captaram uma diferença: não havia moral da história – tão comum em livros didáticos. Eles estranharam que nem sempre os finais eram "justos", que os personagens sentiam as dores do acaso, que o grande imponderável dos sonhos e dos desejos não era suscetível à lógica. Desmontaram, ou começaram a desmontar, a mentalidade de causas e conseqüências, de atos e efeitos, de simplificação humana.

Elen Geraldes, jornalista, ex-bolsista do Projeto São Paulo de Perfil, 1994

A institucionalização do projeto na Secretaria de Educação do Estado de São Paulo talvez seja o capítulo mais doloroso da experiência. Não por motivos pedagógicos ou culturais, mas por questões burocráticas e financeiras. A saga brasileira conhece profundamente estes obstáculos. Os livros da série São Paulo de Perfil, impressos na gráfica da Escola de Comunicações e Artes (ECA) ou na gráfica da Coordenadoria de Comunicação Social, em edição limitada, não entraram nunca numa escala de mercado. A venda sempre acontece nos canais da universidade ou diretamente nas comunidades afetas aos temas. A busca de patrocínios para metade da edição (quinhentos exemplares) que vai para a escola pública tem sido um processo contínuo de luta. De qualquer forma, os livros vendidos na ECA e de mão em mão (em geral pelos autores) não estão respaldados até hoje por um suporte de distribuição e comercialização. Assim mesmo o projeto se auto-sustenta, mobilizando recursos mínimos das verbas da universidade pública.

A travessia pedagógica também nunca foi tranqüila, mas sempre gratificante. Os estudantes de jornalismo da ECA, ao se confrontarem com um plano de curso desafiador, porque foge da dicotomia técnica-teoria, transitam, em pouco tempo, da rejeição à adesão. O embate se trava no momento em que é preciso abandonar o conforto das fórmulas engessadas nos manuais jornalísticos e ir ao mundo para viver o presente, as situações sociais e o protagonismo humano. Inverter a relação sujeito-objeto do técnico em informação de atualidade para a relação sujeito-sujeito do mediador social, para além de ser um problema epistemológico[8], é uma fogueira em que se queimam as certezas, as rotinas profissionais, o ritmo mecânico do exercício jornalístico.

No segundo período do projeto (de 1998 em diante), quando aberto a alunos de graduação de várias áreas de conhecimento e ao Programa da Terceira Idade da USP, mudou o tônus nas dinâmicas de grupo. Há uma economia de tempo na motivação, bastam as primeiras aulas da disciplina Narrativas da Contemporaneidade para a viagem ser aceita no rumo de mais um livro da série. Pensava eu que os mais maduros (impropriamente chamados de terceira idade)

---

8. MEDINA, Cremilda. "Jornalismo e a epistemologia da complexidade", em MEDINA, Cremilda (org.), *Novo pacto da ciência: A crise de paradigmas*, São Paulo, ECA-USP, 1992.

trouxessem as vantagens das histórias vividas, o repertório de informações, mas a descoberta veio da ação, do movimento dialógico e, ao mesmo tempo, a disposição dos idosos para se encontrarem com pessoas desconhecidas.

As narrativas que encenam a vida contemporânea se sobrepõem à memória da maturidade. Os jovens de graduação muitas vezes seguem um exemplo incontestável: a agilidade para se movimentar na rua dos mais idosos. Há certa preguiça para ir ao mundo exterior, ao mundo do outro. A juventude está quase sempre submersa na insegurança pessoal e os adultos vivem encarcerados na afirmação de seu poder. Os colegas mais experientes, sábios e cuidadosos, lançam-se à vida. Não alienam o presente que ainda pode ser tecido.

Assim, apesar das dificuldades recorrentes, os alunos do Programa de Terceira Idade da USP deram uma marca muito especial às mais recentes edições da série São Paulo de Perfil. Não há desânimo que os contamine.

Quando a professora Cremilda veio à nossa sala, onde preparávamos a pauta de nosso jornal Reproposta, *dirigido principalmente à Terceira Idade, e falou sobre o curso Narrativas da Contemporaneidade, imediatamente pensei: meu sonho vai se tornar realidade. Escrever ou participar de um livro sempre foi um desejo, por causa de um teste vocacional que fiz quando tinha quinze anos, mas que nunca pensei ser capaz de concretizar. Confesso que fiquei receosa de não conseguir, mas o medo do não experimentar foi maior. Participar dos livros foi uma experiência ímpar em minha vida.* Ó Freguesia, *quantas histórias me permitiu mergulhar na cidade, conhecer pessoas da periferia, com um profundo amor pelo seu bairro e que tudo fazem para melhorar a vida da comunidade. Com* Viagem ao sol poente, *aprendi muito com a milenar cultura japonesa, aprofundando-me em fatos que conhecia superficialmente.* Sagas do espigão, *que desafio; apesar de viver no meio médico, por ser casada com um deles, nunca pude imaginar, e penso que a população em geral também não, que mundo maravilhoso, apesar de sofrido, existe no Complexo das Clínicas e que figuras humanas lá estão para curar, tentando amenizar dores e dar conforto aos pacientes e seus familiares. Maior foi minha satisfação quando minha neta Natassja me disse que sua professora de português, quando a viu lendo um dos li-*

vros, perguntou sobre o que era e ela, na sua inocência dos dez anos disse: estou lendo um livro que minha avó escreveu sobre os japoneses. *A professora pediu o livro para ler, gostou e solicitou que quando o próximo saísse, ela o emprestasse. Claro que lhe demos o livro de presente. Isto é um orgulho para todos nós que participamos do Projeto. Além de aprendermos, convivemos com diversos tipos de pessoas, de todas as idades e níveis culturais diferentes.*

Regina Célia Weigert Rocha, integrante da equipe do Projeto Jornal Reproposta e aluna da Disciplina Narrativas da Contemporaneidade da ECA, no Programa da Terceira Idade da USP

As dificuldades na produção gráfica de cada livro são constantes e os autores têm contado com uma rede solidária. Tanto os gráficos da Escola de Comunicações e Artes, na primeira fase, quanto os da Coordenadoria de Comunicação Social no período atual, se apaixonaram pelo Projeto, e essa é a principal força que faz superar os clássicos entraves de produção de um livro nas gráficas de universidades públicas (com equipamentos desatualizados e funcionários sem motivação). Apesar da situação adversa, o empenho e a afeição dos gráficos têm dado, ao longo da série, uma marca de identidade. Grafismo, capas, tratamento visual, verdadeiros milagres na impressão das fotografias denotam, nos livros, essa mão afetuosa. Não raro, o funcionário gráfico é o primeiro leitor das histórias que se contam na série. Um impressor se aproxima de mim e confessa baixinho, envergonhado: *Gostei muito do livro da Freguesia; sabe que moro lá e nunca tinha ouvido falar que o meu bairro tem toda essa importância...*

E o que efetivamente vale para os autores é o retorno formal ou informal da leitura dos livros. Há registros, na ECA, que documentam o significado dessa coleção no projeto pedagógico das escolas que já integraram os títulos ao seu programa de aula. A pesquisa dessa leitura revela, para os estudiosos e profissionais, caminhos da audiência, do público, do usuário da narrativa da contemporaneidade, como testemunha outra ex-aluna:

O entusiasmo de professores e alunos da 16ª Delegacia de Ensino de São Paulo em relação ao projeto é gratificante e chega a surpreender. Os livros-reportagem não só servem como material de apoio

e enriquecimento para a formação dos alunos (isto já é bastante), mas também para a construção da cidadania de todos os leitores. O professor de sociologia da EEPSG "Henfil" trabalhou com os alunos A escola no outono, sobre educação, e aprendeu com a leitura: "Há informações ali que nem os professores têm acesso". No segundo semestre de 1994, o professor Cido quis desenvolver um trabalho no "Henfil" sobre as religiões e Guia das almas, o 13º livro da série, foi utilizado como estímulo à pesquisa e fonte de consulta.

Os alunos no princípio desanimam diante dos volumes grossos, de mais de duzentas páginas – e se nem professores têm tempo de ler, que dirá os alunos. O professor de redação Norberto Nogueira (EEPSG "Brasílio Machado") desenvolveu trabalhos com vários números da série São Paulo de Perfil e acredita que o texto pessoal dos alunos cresce com a leitura dos livros-reportagem.

Tanto professores como alunos da 16ª Delegacia de Ensino de São Paulo gostam e pedem as visitas dos jovens repórteres às escolas, como aconteceu na escola "Henfil". Ver quem faz e como se faz um livro desperta o interesse dos alunos.

O professor Ílio, um dos coordenadores na 16ª Delegacia de Ensino, acha que os livros da série São Paulo de Perfil têm qualidade e conteúdo informativo suficiente para serem indicados para a lista da Fuvest. É claro que para isso seria necessário expandir o projeto de forma ambiciosa; mas depoimentos como esse compensam toda a luta e esforço necessários para levar o São Paulo de Perfil à sala de aula.

Patrícia Patrício, jornalista, mestre em Ciências da Comunicação e ex-bolsista de iniciação científica do Projeto São Paulo de Perfil, 1994.

Não posso deixar de registrar que esta experiência em processo conta também com dois outros reencantamentos. Os próprios profissionais manifestam aqui e ali a compreensão e a legitimação dessa alternativa para a linguagem dialógica. Ao longo de duas décadas foi possível guardar uma série de recortes de imprensa e registros em espaços de rádio e de televisão por ocasião dos lançamentos, sempre fora da universidade, junto às comunidades-sujeito do tema. Além da divulgação e do valor que se dá às mídias consagradas, permanecem na memória confissões desarmadas de jornalistas que manifestam o desejo de praticar esse tipo de linguagem. Freqüentemente são convidados profissionais da imprensa nacional para colaborar nos livros. Eles se sentem gratificados: publicam narrativas que revelam sua integridade autoral. Um desses jornalistas não se conteve na frieza da notícia e levou às conseqüências finais sua convicção, escrevendo e publicando no *Jornal do Brasil* de 9 de agosto de 1990 que *A casa imaginária* (sexto volume da série, sobre habitação) resgata uma linguagem humanizadora, tratando com detalhes e emoção o cotidiano das pessoas que freqüentam os jornais como simples números do problema habitacional.

Também no universo especializado das fontes científicas o projeto tem tido uma cooperação muito rica e diferenciada. Normalmente o jornalista encontra resistências entre os especialistas. O Projeto São Paulo de Perfil implantou solidamente uma relação entre a construção de cada pauta temática e os consultores especializados. Assim, quando se discutiu como abordar o lazer em São Paulo, realizaram-se verdadeiras terapias de grupo com psicólogos para tentar compreender as implicações mais íntimas do lúdico. Dessas reuniões desconstrutivas da pauta óbvia – a que trabalharia, por exemplo, com a sociologia do *shopping center* – se partiu para a reportagem com uma especulação profunda: o lúdico enquanto ato emancipatório. Ana Maria Bataglin, psicóloga e professora da PUC de São Paulo, muito ajudou no parto dessa compreensão. Daí o título do livro *Farra alforria* (11º volume da série) e o fato de as histórias tanto se passarem no lazer do *shopping* quanto no convívio de uma criança com os peixes do aquário no seu quarto. E o livro termina na situação-limite do hospício, em que a poesia, a pintura dão asas libertadoras aos psiquiatrados (o que remete ao pioneirismo científico de Nise da Silveira, que trabalhou com terapia da Arte do Inconsciente junto aos pacientes de instituições hospitalares psiquiátricas).

A voz especializada tem sido fundamental na narrativa de cena viva que se completa com diagnósticos e prognósticos das situações temáticas dos livros. Ora essa voz assume o papel tradicional de fonte de informação ou colaborador-ensaísta, ora é um *alter ego* do repórter que cultiva as fontes especializadas do conhecimento científico. Já ocorreu, porém, uma conquista surpreendente neste laboratório. Na saga cotidiana dos bairros mais periféricos de São

Paulo, que se consuma no oitavo livro (*À margem do Ipiranga*), Lúcio Kowarick, sociólogo da USP, procurado para escrever um texto sobre o tema, procedeu de uma forma inédita. Montou o ensaio "Periferias e subcidadanias", que abre o volume, articulando dialogicamente o texto da autoria especializada com a reportagem. Pediu para ler os textos dos repórteres, ainda em original, e encontrou aí vozes da periferia (cada autor trabalhou em um ponto extremo do município de São Paulo) que dessem aval às afirmações sociológicas. Este triálogo possível – protagonista da ação social, mediador social e especialista – abriu um horizonte novo em que se deve investir nas narrativas da contemporaneidade.

Tantas as possibilidades, tantas as dificuldades que não se pode ceder nem ao desânimo nem à euforia. O fato é que a cada recomeço uma situação fica clara: vive-se a emergência da comunicação e emergente se faz a construção do signo da interação social transformadora. A dificuldade mais substantiva se expressa no conflito dos diferentes e na arte de tecer inter-regulagens. Os problemas são políticos e econômicos, mas também culturais. Qualquer experiência interativa semeia tempestades na visão de mundo estratificada das profissões modernas. O Projeto São Paulo de Perfil nasceu nessa inquietude e busca, a cada geração de autores, um olhar solidário e reflexivo no espelho profundo das raízes, da atualidade do mundo que nos cerca e do porvir incerto.

A voz da primeira geração do século XXI sela com frescor um pacto de continuidade:

> *Como atual bolsista e integrante da Associação dos Amigos do São Paulo de Perfil, posso afirmar que o projeto é simplesmente mágico para quem gosta de escrever, de observar, de contar histórias. Primeiro a disciplina permite questionarmos as regras de tudo que aprendemos a respeito de redação, do tipo faça sempre a introdução, o desenvolvimento com dois argumentos e depois a conclusão; e que seja você mesmo, estimulando a criação de um estilo próprio. Segundo, a publicação de histórias humanas é uma oportunidade para registrar e de certa forma homenagear os nossos heróis anônimos de cada e todos os dias através da sensibilização solidária. Terceiro, o resultado do trabalho, a publicação de um livro acessível, inteligível a qualquer pessoa é o sonho de escritores, editoras e livrarias. Quar-*

to, através dele a universidade cumpre seu papel proporcionando aos alunos a pesquisa, o aprendizado para uma visão multidisciplinar do mundo, bem como a prática da extensão, unindo universidade e comunidade. Quinto, quem toma conhecimento dos livros da coleção, das aulas e oficinas de redação, do projeto, impreterivelmente acaba simpatizando com tudo que é feito dentro do mundo do São Paulo de Perfil.

Katiuscia Lopes, estudante de graduação de
Publicidade e Propaganda e bolsista do Projeto
São Paulo de Perfil (2003)

Narrativas da contemporaneidade

De 1986, quando retornei à Universidade de São Paulo, a 1998 ofereci a disciplina Teoria e Prática da Reportagem que culminava em uma edição da série São Paulo de Perfil. Dada em dois semestres consecutivos no curso de Jornalismo, publicavam-se dois livros por ano. Em 1998, implantou-se, na Escola de Comunicações e Artes, o Fórum Permanente Interdisciplinar e, ao coordenar esse novo espaço acadêmico, passei a oferecer a disciplina Narrativas da Contemporaneidade, cuja proposta conceitual se construíra nos anos 1980. A composição de alunos também se alterou, como já foi dito no capítulo anterior: além de jovens estudantes de graduação, agora provenientes de várias áreas de conhecimento, chegou ao projeto a contribuição significativa do Programa da Terceira Idade da USP. A autoria multidisciplinar e o convívio de várias gerações deram um tom especial aos livros mais recentes. Em 2003, o 25º exemplar da coleção marca uma continuidade que, por vezes, me espanta. Qual seria a força-motriz essencial?

Um dado incontestável que registro na trajetória das últimas décadas: a arte de narrar acrescentou sentidos mais sutis à arte de tecer o presente. Uma definição simples é aquela que entende a *narrativa* como uma das respostas humanas diante do caos. Dotado da capacidade de produzir sentidos, ao narrar o mundo, a inteligência humana organiza o caos em um cosmos. O que se diz da realidade constitui outra realidade, a simbólica. Sem essa produção cultural – a narrativa – o humano ser não se expressa, não se afirma perante a desorganização e as inviabilidades da vida. Mais do que talento de alguns, poder narrar é uma necessidade vital.

A contemporaneidade, tal qual as percepções traduzem em narrativas, oferece inúmeros desafios não só ao cidadão nela situado com relativo conforto, como ao que carrega o fardo da marginalização de qualquer origem – social, étnica, cultural ou religiosa. Enunciar um texto que espelhe o dramático presente da história é, a princípio, um exercício doloroso de inserção no tempo da cidadania e da construção de oportunidades democráticas. Ao se dizer, o autor se assina como humano com personalidade; ao desejar contar a história social da atualidade, o jornalista cria uma marca mediadora que articula as histórias fragmentadas; ao traçar a poética intimista, que aflora do seu e do inconsciente dos contemporâneos, o artista conta a história dos desejos. Da perspectiva individual, sociocomunicacional ou artística, a produção simbólica oxigena os impasses do caos, da entropia, das desesperanças, e sonha com um cosmos dinâmico, emancipatório.

O exercício das narrativas, na trajetória humana, carrega consigo as dificuldades racionais (o aprendizado dos esquemas narrativos), intuitivas (o enriquecimento contínuo da sensibilidade, uma espécie de radar profundo para sentir o mundo) e operacionais (a ação do escrever-se e a dialogia numa escrita coletiva). Fenômenos e instituições que registram esta experiência, como é o caso do jornalismo, vêm constituindo uma gramática narrativa há séculos e, no entanto, não chegaram às fórmulas mágicas que chamem a si a competência para pautar e comunicar o que se passa à nossa volta. Há, sim, uma insatisfação latente nos profissionais mais sensíveis diante das rotinas técnicas que comandam a produção de significados nas empresas, instituições e grupos organizados das sociedades contemporâneas. Da comunicação sindical à grande imprensa, dos veículos comunitários às potentes redes de informação, a narrativa que por aí passa freqüentemente deixa os consumidores, fruidores ou parceiros do caos contemporâneo, frustrados com o universo simbólico tal qual o organizam as coberturas jornalísticas.

Numa oficina narrativa experimental se unem hoje os não-iniciados ou os tímidos que se sentem impotentes na escritura, bem como aqueles que, arrogantemente, se intitulam técnicos auto-suficientes

A ARTE DE TECER O PRESENTE

na narrativa da contemporaneidade. Com a humildade da pesquisa e do laboratório, é possível agregar tanto profissionais consagrados quanto os que se iniciam no ofício. Os problemas da *arte de tecer o presente*[9] provêm de múltiplos focos. Por um lado, a crise da modernidade afeta diretamente as gramáticas racionalizantes que in-formaram o jornalismo e a comunicação social; por outro lado, as megaoperações da cultura industrializada põem a nu a má distribuição da renda simbólica; por outro lado ainda, a crise de percepção coisifica a consciência humana e perturba profundamente as visões de mundo que se presentificam nas narrativas. Paradigmas abalados, conflitos culturais e desumanização de cosmovisões sacodem as certezas técnicas e tecnológicas da comunicação social assim como dos demais atos de relação entre os homens.

Numa outra perspectiva, a oficina narrativa se confronta com limitações que vão dos reducionismos técnicos de uma racionalidade monádica ou maniqueísta, a um autoritarismo não solidário, muitas vezes aético, ou mesmo irresponsável, até uma incapacidade estética para produzir novos sentidos do acontecimento humano. A razão treinada para resultados imediatos perde a força do afeto e não dá margem a um *insight* criativo. No fundo, essa é a marca de autora que se aspira: contar sua história ou a história coletiva de forma sutil e complexa, afetuosamente comunicativa e iluminando no caos alguma esperança do ato emancipatório[10].

Daí se depreendem outros desafios para pesquisar e experimentar: complexidade[11], afeição[12], poética[13]. No âmbito da complexidade, pouco há a fazer se a emoção solidária e a criação estética não estimularem uma razão luminosa no lugar da razão técnico-burocrática, movida pelas gramáticas estratificadas. Ainda que afetuoso o gesto, este não resulta numa ação solidária se não for *informado* pelo repertório, pela disciplina racional e pela pesquisa estética. E a poética só se consuma no ato de comunhão, como dizia Octávio Paz. Comunhão, a plenitude da comunicação, acontece na tríplice

---

9. Medina, Cremilda & Leandro, Paulo Roberto. *A arte de tecer o presente*, São Paulo, eca-usp, 1972.
10. Prigogine, I & Sstengers, I. *A nova aliança*, Brasília, Ed. Unb, 1984.
11. Morin, Edgar. *O conhecimento do conhecimento*, Lisboa, Europa – América, 1984.
12. Restrepo, Luis Carlos. *Direito à ternura*, Petrópolis, Vozes, 1998.
13. Medina, Cremilda. *Povo e personagem*, Canoas, Ed. da Ulbra, 1996.

tessitura ética, técnica e estética. Ao experimentar uma narrativa ao mesmo tempo complexa, afetuosa e poética, não há como abstrair a crise dos paradigmas reducionistas, a crise das percepções e a aridez emocional ou a crise das fórmulas aplicadas às rotinas estéticas da narrativa.

Durante um período de 12 anos (1986-98) dediquei-me à pesquisa da narrativa da contemporaneidade que procurou mapear tendências de expressão entre alunos de Jornalismo, estudantes de pós-graduação provenientes de Comunicação Social e de outras áreas de conhecimento, professores universitários tanto da Universidade de São Paulo, quanto de outras universidades brasileiras (Rio Grande do Norte, Paraíba, Ceará, Pernambuco, Bahia, Minas Gerais, Goiás, Distrito Federal, Rio de Janeiro, Paraná, Mato Grosso, Santa Catarina, Rio Grande do Sul e interior de São Paulo), bem como da Universidade Fernando Pessoa, Porto, Portugal. Os laboratórios sempre partem de um exercício cujos resultados acusam uma regularidade reveladora. Ao escrever um relato espontâneo sobre determinado objeto motivador (em geral, um quadro, uma fotografia, uma audição musical, um vídeo ou um texto literário), a maioria das pessoas responde com uma descrição esquematizada e partitiva, evoluindo numa análise conceitual permeada de juízos de valor. Uma parte dos autores estrutura a narrativa com base nos movimentos, na ação humana que o objeto sugere. A mínima parcela dos grupos se permite um vôo original que transcende o explícito e o apreensível segundo os estereótipos mentais – uma descrição estática, superficial e esquemática do acontecimento vivo. Essa minoria transnarra o objeto de observação, funde nele sua experiência, humaniza os movimentos da cena e se permite o exercício da intuição ao passar, no subtexto, os mistérios não controlados pela lógica do senso comum.

Nos estudos de grupo que se sucedem a cada experiência são constatados obstáculos partilhados por todos: a racionalidade analítica é pobremente informada e daí, em lugar de argumentos elaborados, complexos, ocorrem conceitos dogmáticos, afloram preconceitos ideológicos; o fechamento numa razão reducionista impede a emoção solidária que capta os movimentos do outro, da mesma maneira que a atrofia dos sentidos de relação não favorece a razão complexa; como criar uma narrativa ao mesmo tempo sedutora e inusitada, se a forma está aprisionada a regras de uma razão instrumental que, por sua vez, não legitima a emoção como força motriz do ser humano? Assim, desumanizada, preconceituosa e estática, a narrativa predominante exibe, de forma sintomática, as crises da cultura e da escolaridade nos marcos da modernidade.

Para enfrentar esses desafios, a estratégia de oficina é indispensável. Em dois semestres letivos na Escola de Comunicações e Artes da USP e em atividades promovidas em outras universidades, os alunos da narrativa da contemporaneidade resgatam, em atos contínuos surpreendentes, muitas vezes em um ritmo alucinante, a autoria perdida. Do projeto datado na experiência pedagógica brota um desejo de aperfeiçoamento para a vida. A dialogia social – tema registrado na tese de doutorado (*Modo de ser, mo'dizer*, 1986) – seduz os mediadores sociais para se deslocarem da passividade das técnicas adquiridas para a ação complexa, solidária e inovadora no ato de relação com o outro e com o mundo. Em lugar de produzirem significados óbvios e conservadores, descobrem novos sentidos. Assume-se, assim, o papel de agente cultural. Alguns ex-alunos atestam, em testemunhos, essa pesquisa coletiva; outros, silenciosos, movem-se inquietos na batalha profissional: aqui e ali surgem textos (tanto em mídias impressas quanto em eletrônicas) assinados que manifestam o vigor de novas narrativas. Há ainda os que surpreendem em meio ao marasmo e ao ceticismo, afirmando que a narrativa jornalística não está deitada no berço esplêndido das práticas tradicionais.

Mexer com emoções, dogmas e estratificações não só da mente como do corpo envolve essa outra pesquisa, a didática. Cada novo grupo é um novo desafio. O conhecimento acumulado em 17 anos (os mais recentes, sem contar a experiência dos anos de 1960 na Universidade Federal do Rio Grande do Sul e a da primeira etapa na USP, 1971-5) sinaliza alguns aprendizados sistemáticos, mas, em se tratando de grupos humanos – de qualquer faixa etária –, o que vale é o encantamento pelas descobertas de personalidade. O laboratório que acompanho semana a semana revela a construção de autorias originais, isto porque o educando é *convidado ao banquete da expressão criativa*. Os momentos culminantes da pessoalidade sempre compensam toda a angústia do processo pedagógico ao assumir o alto risco das dinâmicas de grupo ou enfrentar o terrível corpo-a-corpo com cada estudante.

Falar das constâncias que constituem o acervo da proposta aqui sumariada fatalmente recai na referência ao Projeto São Paulo de

Perfil, de 1987 em diante. A cada semestre letivo corresponde um momento de celebração subjetiva, por um lado, e muito objetivo, por outro – a publicação de um livro-reportagem. Aos vinte exemplares da primeira década da série se sucederam um de 1997, da graduação, e outro da pós-graduação. O século XXI se inicia com novos exemplares de grupos etários mistos e provenientes de várias áreas de conhecimento. A narrativa da contemporaneidade exerce uma atração transdisciplinar.

Há também uma série iniciada na Universidade de Brasília (UnB), cujo primeiro exemplar – *Narrativas a céu aberto* –, realizado por alunos de mestrado em 1997, foi publicado pela editora da universidade. Além da pesquisa contínua de narrativas da contemporaneidade, aprofundada com os parâmetros bibliográficos, experimentais e aplicados ao ensino de Jornalismo e Comunicação Social, houve também a significativa contribuição dos leitores, no projeto de extensão firmado com a Secretaria de Educação do Estado de São Paulo, em oficinas de recepção em escolas particulares e em comunidades como a favela de Vila Nova Cachoeirinha em São Paulo.

A leitura crítica de alunos de segundo grau, em um grupo de escolas selecionadas pela Secretaria na 16ª Delegacia de Ensino, constituiu um dos flancos mais sistematizados da pesquisa. Professores de várias disciplinas incorporam os livros-reportagem ao plano de trabalho, os alunos respondem com textos e discussão de grupo à respectiva leitura e o resultado retorna à pesquisa original. Do *feedback* de várias turmas durante os oito últimos anos, elaboraram-se três grandes linhas de estudo para a narrativa da contemporaneidade praticada na reportagem jornalística, mas com validade para outras produções que abordem a contemporaneidade. Em primeiro lugar, os leitores salientam, em suas avaliações, o grau de legibilidade dos livros sobre São Paulo. Por contraste com os livros didáticos, mesmo os de história, os fruidores de 16, 17 anos consideram bem mais atraente a cena e saga contemporâneas narradas com a vitalidade da reportagem.

Em segundo lugar, pesa para o leitor de uma narrativa o grau de identificação com os anônimos e suas histórias de vida. De certa forma a ação coletiva da grande reportagem ganha em sedução quando quem a protagoniza são pessoas comuns que vivem a luta do cotidiano. Descobrir essa trama dos que não têm voz, reconstituir o diário de bordo da viagem da esperança, recriar os falares, a ora-

A ARTE DE TECER O PRESENTE   53

tura dos que passam ao largo dos holofotes da mídia convencional, passou a ser um marco de pesquisa cada vez mais consistente no São Paulo de Perfil. Para os professores, sobretudo os de Português, a parceria com a pesquisa que desenvolvo na USP ajuda no sentido de desenvolver o hábito de leitura. Contar uma boa história, afinal, é o segredo da reportagem.

O terceiro aspecto envolve diretamente a cidadania, pois os jovens eleitores – a partir dos 16 anos, pela Constituição de 1988 – se informam de sua cidade, ao lerem sobre a história das migrações e dos impasses que o habitante contemporâneo enfrenta. Esta iniciação à cidadania pode ser estimulada de muitas formas, especialmente na escola, mas os livros do projeto, ao que tudo indica, favorecem a participação consciente na comunidade e nos discursos coletivos, como, por exemplo, o político. No entanto, os leitores rejeitam as cargas conceituais, os quadros puramente estatísticos, as teses ou as informações dogmatizadas. Manifestam claramente a preferência pela informação humanizada, vivida, exemplificada na cena cotidiana e protagonizada pelos heróis da aventura contemporânea. E que fazer com as fontes de informação especializadas, em geral científicas, que enunciam diagnósticos e prognósticos dos problemas sociais e técnicos? A pesquisa aponta para um diálogo pouco conceitual e muito pragmático. A fonte científica enfrenta os mesmos obstáculos para concretizar a comunicação social, tanto quanto o jornalista que realiza a mediação[14]. Não se trata de divulgar a informação especializada, mas de encontrar o tom de legibilidade na comunicação entre a demanda social concreta e a oferta científica disponível.

Dito assim parece simples e claro, mas não é. Tecer os sentidos contemporâneos num amplo contexto democrático, reconstituir as histórias de vida num cenário das diferenças culturais que se assinam nas múltiplas oraturas e cruzar as carências sociais com o gesto generoso dos pesquisadores e dos artesãos de um outro futuro despertam uma sensibilidade altamente complexa e de fina sintonia com o presente. A extensão destes aprendizados torna-se fundamental, não uma extensão arrogante como se a verdade da narrativa da contemporaneidade tivesse sido descoberta, mas uma troca imediata de

---

14. *Idem* à nota 13.

experiências que enriqueça permanentemente a dialogia entre a pesquisa e a comunidade.

Passados os primeiros 12 anos de publicações da série São Paulo de Perfil, em que se refletem os anseios e estudos de quatro décadas (desde que entrei na universidade no início dos anos 1960), um novo ímpeto está fermentando. Quando, em 1998, uma comissão se reuniu para estudar um novo espaço interdisciplinar na Escola de Comunicações e Artes da Universidade de São Paulo, surgiu a oportunidade de propor um laboratório aplicado à narrativa para ser freqüentado, ao mesmo tempo, por alunos de graduação e idosos. Tratava-se de expor os jovens ao amadurecimento dos estudantes do Programa da Terceira Idade da USP; aos idosos, tratava-se de motivar a liberação da linguagem dos afetos, da informação acumulada, da sabedoria solidária. O convívio de jovens aprisionados na razão instrumental e idosos silenciados na discriminação da velhice, por certo, faria florescer uma narrativa mais rica. A série que antes estava nas mãos de estudantes de Jornalismo ganharia um novo vigor dialógico.

A jovens estudantes de graduação e idosos há de se acrescentar os alunos de mestrado e de doutorado. Nunca estabeleci uma fronteira de valores acadêmicos hierárquicos entre uns e outros. Daí a valiosa experiência que se concretizou no Projeto Plural e a Crise de Paradigmas, desenvolvido no curso de pós-graduação Teorias Latino-Americanas de Jornalismo e Comunicação Social, que ofereço na ECA desde 1987, e no Prolam, a partir de 1988, ambos programas da Universidade de São Paulo. A essência do projeto, que logo se tornaria um Projeto Integrado de Pesquisa credenciado junto ao CNPq (no início da década de 1990, fase inaugural destes programas científicos), era praticar as dialogias entre as diferentes áreas de conhecimento e ensaiar uma narrativa inter e transdisciplinar perante as demandas comunicacionais do mundo contemporâneo. À trajetória a partir de 1990 acresce um novo aprendizado.

As práticas dialógicas requerem generosidade, empenho e ação criativa. Talvez por isso constituam a saída em qualquer emergência da crise. Os impasses, as impotências ou os paradoxos do caos só projetam um encaminhamento dinâmico se houver diálogo. Pelo menos em sociedade, a dialogia dá forma a atos emancipatórios. E investir no signo da relação tem sido a obsessão do Projeto Plural na crise contemporânea de paradigmas.

Em 1990 enfrentou-se concretamente o desafio inter e transdisciplinar no primeiro seminário que reuniu pares da ciência. Em um dia de trabalho na USP, físicos, matemáticos, sociólogos, químicos, psicanalistas e psicólogos, médicos e comunicadores se fizeram representar para discutir a crise de paradigmas. A principal motivação do encontro (ou seria o desencontro?) de idéias era a contundente demanda social do fim do século XX: que respostas têm os cientistas brasileiros perante o quadro de carências humanas, tanto do ponto de vista objetivo quanto do ponto de vista subjetivo? A mediação sociedade-ciência, vocalizada pela comunicação social, não pode abdicar, em nenhum momento, desta pesquisa pragmática. E, ao que tudo indica, pela anatomia do seminário que organizei na Escola de Comunicações e Artes, em outubro de 1991, os pesquisadores de humanas, biológicas e exatas também concentraram a discussão científica nos dilemas éticos e, portanto, nas conseqüências sociais do conhecimento especializado. Tanto que ficou inviável a claustrofobia das disciplinas e tornou-se consenso a dialogia interdisciplinar.

A experiência reforçou o signo de relação entre os diversos campos de saber e consagrou o papel dos mediadores sociais como vasos comunicantes no mundo regido ou pelo conhecimento científico ou por visões simplificadoras do senso comum. A dialogia mediada humanamente e mediatizada pelas tecnologias já se definiu como prática social há muito tempo. Desafios cada vez mais complexos, no entanto, pautam a formulação de um Projeto Integrado de Pesquisa credenciado junto ao CNPq em 1992, sob o título O Discurso Fragmentalista da Ciência e a Crise de Paradigmas. A etapa que então se anuncia segue as diretrizes do primeiro seminário, mas, ao mesmo tempo, rompe com a estrita dialogia interpares e supera o papel de *tradutor* do conhecimento científico para o senso comum, exercido pelo comunicador social.

Nos idos dos anos 1970, acreditava-se que era preciso treinar os jornalistas para a chamada divulgação científica. Criaram-se centros de aperfeiçoamento com o propósito difusionista, que se propunham reciclar os profissionais para que fossem rigorosos tradutores da linguagem cifrada da ciência para a linguagem acessível da comunicação de massa. Uma visão funcionalista empobrecida das mediações sociais e que submete o jornalista a uma competência exclusivamente técnica, quase restrita à gramática lingüística, no sentido de um *texto legível*. Pois bem, não é esse o caminho do projeto de pesquisa que proponho no *Diálogo social*.

Já em 1992 saía o segundo registro – *Do hemisfério sol* – que avançava no *Novo pacto da ciência,* a partir de então coordenado pelo sociólogo Milton Greco e por mim. Experimentava-se então ampliar as dialogias: compareceram aos debates, reflexões e depoimentos vozes outras que não as dos especialistas. Estes, confrontados – ora em idéias contraditórias, ora em confluências solidárias – com uma sabedoria cotidiana, artística, filosófica ou metafísica, partilham as incertezas. E os mediadores-comunicadores não têm aí um projeto técnico de trabalho, mas profundas interrogações que alimentam a estética da dialogia. Ou como ensinava o sociólogo brasileiro Wilmar Faria (que morreu em 2001) em suas aulas: a ciência é um sistema de dúvidas; a ideologia, certezas. O diálogo entre saberes especializados e sabedorias humanas favorece a posição científica da dúvida.

Não resolve jornalista que "divulga ciência" assumir o papel de competente tradutor, se no encontro das sabedorias humanas há o desencontro das dúvidas, a busca de uma negociação de significados e de estratégias interativas que abalam a hierarquia pesada entre saber científico e saber comum. A narrativa do autor-mediador virtualmente tem a possibilidade complexa e democrática de tecer as múltiplas vozes (polifonia) e os múltiplos significados (polissemia).

Daí o fato de o terceiro volume da série se intitular *Saber plural* e, com isso, reescrever o primeiro projeto integrado. Passou-se a Projeto Plural e Crise de Paradigmas, reformulação que sensibilizou os pesquisadores à frente da política científica do CNPq. Na realidade, o que se procura é dar novos rumos ao diálogo sociedade-ciência perante os problemas emergentes. A noção de paradigma, tal qual Thomas Kuhn consagrou, não é a única ferramenta mental para lidar com os flagrantes dramáticos do Sul (*Do hemisfério sol*) ou com os grandes problemas das sociedades contemporâneas (*Sobre vivências no mundo do trabalho; Agonia de Leviatã – a crise do Estado Moderno* e *Planeta inquieto*). Mais do que paradigmas científicos, estão em jogo visões de mundo. No universo da produção simbólica, a dialogia dos sentidos mobiliza uma observação de partícipes da experiência local; mobiliza também uma percepção ensaística, criativa, perante a imprevisível ação sociocultural; e mobiliza, ao mesmo tempo, a capacidade racional de estabelecer relações complexas.

Nem sempre o mundo dos especialistas contempla as práticas que se vêm pesquisando no Projeto Plural. Há um vazio na estratégia multidisciplinar, mas há, acima de tudo, um vazio na relação entre as vivências cotidianas que se remetem a sabedorias locais e os diagnósticos/prognósticos propostos pelos técnicos. Tanto os especialistas quanto os comunicadores que convivem no projeto colhem dessas sabedorias humanas significados enriquecedores para sua pauta de reflexão ou de dialogia. No mundo do trabalho, só para citar um exemplo, a compreensão das estratégias que vão além da sobrevivência, mas sinalizam a alforria do viver para trabalhar, decifra uma outra produção de sentidos não sintonizada com o produtivismo. A neurose do *produzir* desemboca no *workaholismo*, que transforma a condição humana em mero fator de insumo econômico.

A experimentação de uma linguagem inquieta, nem sempre segundo os cânones, tem norteado a pesquisa do signo da relação. Colhe-se, coletivamente, um inestimável aprendizado, que se manifesta na variedade de abordagens. Se cada tema candente do fim do século é discutido em seminários interdisciplinares, a reflexão não se aprisiona no mundo acadêmico. Ensaístas de vôo criativo fazem relações ricas entre os dados controlados pela ciência e as intuições sintéticas. Poetas e especuladores das transcendências convivem com autores de teses objetivamente documentadas. Provocar tal dinâmica das angústias contemporâneas, tanto na fronteira nacional quanto fora do Brasil, tem sido a oficina constante do Projeto Plural.

A vertente mais desafiadora, porém, se pauta pela atitude pragmática de ir ao encontro das vivências cotidianas e colhê-las não com a metodologia explicativa, mas sim com os afetos e as simpatias da compreensão. As sabedorias humanas da sobrevivência, das múltiplas reinvenções do Estado moderno, das estratégias emergentes na cidade ou no campo, das respostas criativas de todas as faixas etárias frente à indignidade e infelicidade, todo esse itinerário de buscas localizadas no microterritório da experiência humana desperta a comunhão poética com o momento histórico. A narrativa que aí se vem pesquisando pode ser nomeada *reportagem-ensaio* ou *ensaio-reportagem,* uma construção relacionadora, cujo texto vai muito além da técnica. Ou na versão atualizada do Fórum Permanente Interdisciplinar da ECA na Universidade de São Paulo, *narrativas da contemporaneidade.*

Se a ciência acumula verdades controladas pelo método que se transformam nas extensões técnicas e nas tecnologias, o homem devolve ao mundo a reação cognoscitiva das regularidades e das continuidades extraídas de um processo caótico. O cientista consegue essas proezas isolando da realidade o que ela apresenta de domável. Já o artista, o *louco* e o anônimo conviva do banquete da desordem reúnem, no imaginário, o acervo das incertezas que não conhecem a garantia exclusiva das regularidades: essas pessoas criam estratégias de sobrevivência no descontínuo vital. O homem comum, diante da instabilidade da vida, vale-se de sua capacidade de imaginar outra história e, por isso, sonha, fabula, cria metáforas em lugar de descrever, com rigor e precisão, os fenômenos conhecidos.

No planeta inquieto do final do século XX, início do XXI, os epistemólogos perderam há muito – e talvez nunca tenham acalentado – a ilusão de que a ciência possa controlar o conhecimento *do* e *para* o mundo. Daí a constante insatisfação do pesquisador e o doloroso estado de ânimo na busca de novos entenderes. A crise de paradigmas científicos atesta este caminho cumulativo, embora sem a linear feição da escalada do progresso da ciência. Já as redes do imaginário são, pela natureza das subjetividades humanas, desmesuradas, assumem o risco da doidice recorrente. Os mitos, as fantasias, as poéticas não apresentam grande variedade temática, vêm e voltam nos tempos históricos, expressam-se nos tons, gestos, cheiros, sons e paladares de cada cultura. O imaginário dos afetos transcende as lógicas consistentes, enlaça os desprotegidos e dá voz aos sufocados.

Nem sempre cientista e poeta se encontram. Às vezes enfrentam o mesmo dilema sem dialogar. Por isso a necessidade da comunicação social. No entanto, o esforço científico é obsessivo pelas normas do rigor, porque ou corre atrás do poder de controlar, ou se inebria pelo progresso. Esta ideologia de ampla difusão nos últimos dois séculos entroniza o papel da ciência. Prometem-se, em larga escala, garantias evolucionistas: estamos indo para melhor, graças às conquistas científico-tecnológicas. Já o canto coletivo ou individualizado na arte e no mito transcende a desordem da noite, refundando a manhã. Na circularidade dos impasses, o artista se identifica com Sísifo que luta contra a danação, sem lograr seu objetivo: a pedra rola do cimo da montanha e o herói mítico reinicia a tarefa.

O poder da ciência se constrói à prova das incoerências, embora o cientista viva o impasse recorrente de Sísifo. Por isso a produção científica tende a constituir uma narrativa engessada no rigor racionalizante. Os grupos acadêmicos legitimam, em certas rotinas, a razão instrumentalizada para exercer o poder concentrador. Os fatos científicos são zelosamente armazenados com sentido de posse, a posse de excelência competitiva. Do lado da divulgação científica, afirma-se um discurso de rigor, fundamentado basicamente em dois aparatos: o olhar da observação objetivante, aquele que distancia o objeto de conhecimento; e a audição que capta de fora o enunciado na palavra científica das fontes especializadas ou nos registros da bibliografia e bancos de dados. Esta narrativa se expressa no mundo da abstração, conceitual, ainda que lide com o mundo vivo e o mundo vivido.

Mas a percepção do cotidiano enfrenta, na modernidade, obstáculos e atrofias que o psicanalista colombiano Luis Carlos Restrepo[15] aponta como analfabetismo afetivo contemporâneo. Olfato, paladar e tato foram exilados do universo da objetivação, porque denunciam a *promiscuidade* indesejada das subjetividades em processo de relação. Ora o imaginário coletivo, grande intertexto do humano ser, ora se escreve, ora se oraliza numa narrativa que transborda o olhar objetivante e a escuta distanciada pela análise conceitual. A literatura e a oratura, sem hierarquias de valor, manifestam o sentir olfativo, o toque quente do corpo e o paladar que desse decorre. Há, na narrativa do cotidiano e no resgate que dele faz a arte e outras linguagens não-científicas, cheiros, gostos e gestos que ampliam a palavra conceitual e bem governada de um discurso científico. Esse fabular intersubjetivo não se contém nos limites positivos da objetivação, desejada pelo esforço dogmático da cognição.

Educadores, antropólogos, psicólogos, historiadores, médicos, enfermeiros se flagram contrafeitos na conformação metodológica e se rebelam contra a fôrma da objetividade científica. Levados pela profissão a conviver com o Outro, que não é um frio e distante objeto de conhecimento, cedo sacodem a tentação dogmática. Assumem a relação sujeito-sujeito, se flagram afetos ao planeta inquieto. Misteriosa é também a metamorfose de um físico que, em contato mediado e mediático, por meio de instrumentos de alto controle, sente a fragilidade do objetivismo e assume a relação intertextual com o intimismo do átomo. Enfim, para voltar a Luis Carlos Restrepo, a couraça de analfabetismo afetivo é avassaladora na contemporaneidade: "A ciência, com seu esquematismo alienado da dinâmica vital, nos faz crer que só podemos conhecer se decompusermos o

---

15. RESTREPO, Luis Carlos, *op. cit.*

outro detendo o movimento com a metodologia que aplicamos diariamente, tanto na pesquisa biológica quanto social, estendendo-a além de tudo à vida afetiva e à nossa relação com o mundo".

Se, por um lado, os epistemólogos renunciam à arrogância do sonho de poder e cada vez mais incorporam ao conhecimento científico a humildade do empreendimento cooperativo, persiste nos nichos acadêmicos, por outro, uma grande aversão à dialogia e ao contato dos saberes outros que não têm assento no olimpo da ciência. Como abstrair que cada grupo científico ou indivíduo cientista, por mais inovador e solitariamente genial que seja, está situado numa sociedade, numa cultura, num *locus* de singularidades quase sempre em conflito com tentativas hegemônicas externas?

Essa alergia ao diálogo dos afetos constitui o dilema do analfabetismo emocional contemporâneo, grito do psicanalista colombiano: "Cada vez mais estamos dispostos a reconhecer que o tipicamente humano, o genuinamente formativo, não é a operação fria da inteligência binária, pois as máquinas sabem dizer melhor que dois mais dois são quatro. O que nos caracteriza e diferencia da inteligência artificial é a capacidade de nos emocionarmos, de reconstruir o mundo e o conhecimento a partir dos laços afetivos que perturbam"[16].

O ato de reconhecer o mundo e lhe imprimir o toque humano é, sem dúvida, tão científico quanto relacionador. Embora os guetos de excelência se digladiem pelo poder, o gesto criador do estudioso, do pesquisador, desmonta a ideologia e aflora a rebeldia. É aí que o artista se encontra com o cientista e ambos se contaminam com a fabulação das sabedorias poéticas do cotidiano. Os inquietos do planeta, esses habitantes que povoam o imaginário, não se aplacam com ferramentas descobertas e introduzidas na sua vida. Partilham, sim, a intranqüilidade do desconhecido, do não-domável, que pode tomar a forma da miséria, da guerra, da doença, da catástrofe imprevisível e a mais previsível delas, da morte. Nesta contingência insuperável, os afetos tecem redes surpreendentes de sobrevivência, criam alternativas aos modelos apregoados como globais e desafiam o *status* tecnológico com a inventividade das pequenas histórias de vida. O pesquisador inquieto recebe dessas ínfimas respostas humanas uma nova carga afetiva, uma ternurinha que aciona um *insight* científico.

---

16. RESTREPO, Luis Carlos, *op. cit.*

A ARTE DE TECER O PRESENTE

Talvez assim, de ternura em ternura, possam os que gerenciam a noção de desenvolvimento econômico resgatar nela o que há de integralmente humano, e não apenas parcialmente objetivo, como os bens materiais, tão mal distribuídos no planeta inquieto. Edgar Morin e a co-autora Anne Brigitte Kern[17] propõem esta outra metamorfose: "O desenvolvimento é uma finalidade, mas deve deixar de ser uma finalidade míope ou uma finalidade-término. A finalidade do desenvolvimento submete-se ela própria a outras finalidades. Quais? Viver *verdadeiramente*. Viver *melhor*". Eis um desejo, não um relato objetivo do mundo que aí está. Eis a narrativa da inquietude, não a argumentação demonstrativa de um fato objetivo. A construção desenvolvimentista do século passado, aquela que pode ser aferida por objetos e indicadores de progresso, vem superando algumas mazelas da humanidade, mas não diminuiu o desassossego cotidiano.

Nessa intranqüilidade, nada como realimentar o espírito no oxigênio da arte.

---

17. MORIN, Edgar & KERN, Anne Brigitte. *Terra-pátria,* Porto Alegre, Sulina, 1995.

O gesto
inspirador da arte

Sinto o prazer da arte desde a infância. Música, literatura, teatro, cinema, fotografia, escultura, arquitetura ou as várias expressões das artes plásticas sempre me tocaram e estimularam a razão questionadora. Os artistas percebem como poucos os significados mais profundos do estar no mundo. Em sua sintonia fina, despoluída conceitualmente, tocam a aventura humana, agarrando o desejo coletivo de uma outra história. A linguagem mítica, que atualiza as circunstâncias do presente, se move no tempo das recorrências da identidade. A estética que os autores assinam funde as ressonâncias universais, arquetípicas, com os embates da contemporaneidade localizada.

Ao batizar o projeto pedagógico de O Gesto da Arte, um dos eixos principais da metodologia aplicada às disciplinas oferecidas na Escola de Comunicações e Artes da USP, pretendia, antes de mais nada, levar o estudante de Comunicação Social à fruição da obra artística. Só depois, nos estudos de grupo, aflora a consciência das inúmeras mensagens que o artista oferece na partilha poética. Na seqüência, quando se produz o documento científico, o ensaio ou a narrativa que se referencia na realidade contemporânea, surgem novas visões, novos estilos.

Os estudantes e pesquisadores, os profissionais de comunicação e especialistas de outras áreas do conhecimento, ao cultivarem o convívio com a arte se diferenciam na própria autoria. E não se trata especificamente da forma de se comunicarem, mas sobretudo a sutileza na relação com o humano ser – um ético deslocamento do signo autoritário para o signo dialógico. O projeto acadêmico desenvolvido na USP de forma sistematizada desde 1986 repropõe o *Diálogo social*: é preciso abdicar dos padrões estáticos, por exemplo, da entrevista na comunicação e demais ciências humanas, para sair ao mundo e encontrar os protagonistas da cena viva, se reencantar e descobrir significados latentes em cada esquina, aliás, prática existencial que alimenta os criadores. Artistas e cidadãos anônimos se dão as mãos.

Cidadania à portuguesa

Na paragem do autocarro 54, longa espera:

– Ó minha senhora, como é que pago seis contos e tal e ela ali do lado, no mesmo t-3 que eu, paga dois contos? Isso lá é justo? Noutro dia, ela veio com a lábia, toda cheia de razões: como é que um casal sozinho fica num t-3, e uma família com dois, três filhos, andam amontoados num t-2? Não me calei, que afinal já estou lá há trinta anos, tinha os filhos pequenos, e se agora estamos sós, o meu homem e eu, é porque os filhos cresceram e foram à vida. E disse a ela, com todas as letras: que quer? uma pessoa como eu, na terceira idade, vou andar com os cacos às costas? Não, não, minha menina, fico direitinha no meu t-3 que, por sinal, sai-me os olhos da cara, mais de seis contos, enquanto a menina paga só dois contos. Aí ela não gostou. Olhe, dona Mariazinha, este estupor do autocarro não chega. Isto aqui está muito mau.

A outra senhora espera o autocarro e a vez de falar.

– Pois não é, isto aqui está muito mau. Olhe, eu viajo muito lá pra fora e é outra coisa. Eu já fui lá em cima comprar senhas para adiantar serviço e este estafermo não aparece. Precisava estar na baixa ao meio-dia. Como sei que estes autocarros estão sempre nisso, *até fiz horas, porque que vou fazer lá embaixo, coçar o rabo na parede? Ó, é preciso paciência...*

— Paciência? Como é que vamos ter paciência? A senhora ainda viaja, farta-se de gozar, e eu que nem Lisboa conheço? Já agora, com o meu homem doente, com a reforma dele — 62 contos — que nem os remédios paga... Depois esses seis contos e duzentos que, sabe, separo logo, ali direitinho, vão logo para o aluguer. Vou fazer 76 anos no dia 26 de fevereiro...

— Ah é? No dia 26 de fevereiro? Olhe, o dia em que nasceu a minha cadelinha. Pois é, ela já morreu e a senhora está aí.

— Pois estou, dona Mariazinha. Mas, pelo amor de Deus, pode ser que a sua cadela não foi tão bem tratada como eu...

Ironia abafada pelo 54 que chega. Mal se acomodam as duas vizinhas, nos lugares contíguos ao meu, me puxam para a conversa.

— Olhe, minha senhora, a dona Mariazinha está muito bem para a idade, não é? Desculpe-me, nem sei ao certo quantos anos tem, mas vê-se logo que regula comigo. Eu, com os trabalhos que passo... Carrego o meu homem nas costas todo o santo dia, é lavá-lo, dar-lhe os remédios, cozinhar, limpar a casa, fazer contas. Como é que uma pessoa pode viver com o dinheiro de um reformado? E ainda por cima pagar mais de seis contos, quando a outra, com o mesmo t-3, paga dois contos. A senhora acha isso justo?

Não posso enunciar uma frase completa, para não perceberem que venho de outro continente nesta intimidade local. Balanço afirmativamente a cabeça, faço-me de muda.

— Fico muito revoltada, dona Mariazinha, quando vou à doutora. Aquilo é um piscar de olhos. Outro dia, a senhora que chegou ao consultório vinha mesmo malzinha, nem era preciso ser médico para perceber. Mas a doutora foi logo despachando a coitada, que não era nada. Eu não me contive: ó senhora doutora, se é para contar os contos no fim do mês, a senhora perde tempo, agora para examinar essa doente que está mesmo avariada, a senhora não tem um tempinho.

— Pois é isso que não acontece lá fora. Olhe, eu tenho um irmão que mora na Bélgica, até comprou uma casa muito engraçada, eu pensei — vê lá se te acontece como nas outras terras, vira a política, e tens de te pôr a correr, deixas a casa e tudo —, mas ele disse que não, na Bélgica é diferente de Angola. Eu estava lá, sabe, eu viajo muito

para o estrangeiro, e meu sobrinho precisou ir ao posto de saúde, fizeram-lhe todas as análises, viraram-no do avesso, como ele estava com o sangue intoxicado, tiraram-lho todo e puseram-lhe outro.

– Ah, mas isso é no estrangeiro, que aqui, isto ó... está uma desgraça.

– O meu irmão não quer saber daqui, não se muda pra cá nem quer saber disto aqui pra nada. Lá fora, se a pessoa não está boa, fazem as análises e operam. Aqui? É um louvar ao Senhor... Eu sei, porque vou muitas vezes lá fora. Olhe, pro ano vou à América.

– Pelo menos a senhora morre consolada, farta-se de viajar. Eu não consigo juntar dinheiro nem para os meus botões, quanto mais viajar.

Vira-se para mim outra vez.

– Dona Mariazinha, sabe, tem dois filhos que só de reforma ganham trezentos contos cada um. Eu só conto com a reforma do meu homem, sessenta contos que mal dá para os remédios.

Dona Mariazinha não deixa sem resposta.

– Não posso me queixar, é verdade. Chegamos. Bom dia, minha senhora.

– Passe, passe, vimos todas para o mesmo destino. Mas diga-me lá, isso é justo, uma reforma pelo mínimo? Ó, que Deus me perdoe, bom dia, bom dia...

Porto, manhã do dia 6 de dezembro
de 1995.

Povo e
personagem

Um povo se expressa nas ruas, espaço do exercício da cidadania: dona Mariazinha e a vizinha de conjunto popular no Porto, Portugal, valem-se da espera do ônibus para expressar sua visão de mundo, debatê-la em público e sonhar em voz alta. Aluguel, conforto (apartamentos de dois ou três quartos, siglados localmente por t-2, t-3), transporte, saúde e qualidade de vida afloram neste flagrante de realidade que se desloca para o território mítico do imaginário. Um bom exemplo é o *estrangeiro*, lugar das utopias.

Nesse momento colhido aleatoriamente, o *mo'dizer* trai o *modo de ser*. A linguagem (verbal) sinaliza a identidade cultural. Se, em vez do *autocarro* português, se surpreendesse uma conversa em um ônibus de Florianópolis ou em um *machibombo* de Maputo, para além das afinações dos falares, para além das fronteiras nacionais, ainda assim se encontrariam indicadores da cidadania partilhada, tecida nos cruzamentos culturais de séculos e na língua portuguesa mestiça.

Recorrências históricas e, mais ainda, reafloramentos das camadas profundas da cultura dão aval aos atos humanos no presente. Em contraponto ao que se nomeia como atualização, em complementação ao que se apregoa como modernização tecnológica ou econômica, as sociedades se pautam por vários tempos. O tempo que pode ser medido objetivamente pelas máquinas cada vez mais aceleradas não contempla, entre outros, o tempo das subjetividades, o tempo das culturas, o dos mitos. E é nessa trama sutil, subjacente à história, que se tece o tônus de um povo.

De 1981 a 1987, ao desenvolver, em três continentes, uma sondagem intercontinental sobre as literaturas de língua portuguesa – cujo inventário resultou em três livros[18] –, foi possível perceber um tônus cultural sutil no Brasil, em Portugal e nos cinco da África (Moçambique, Angola, São Tomé e Príncipe, Guiné-Bissau e Cabo Verde). Em 1989, ao defender a tese de livre-docência na Universidade de São Paulo, emergiu certa compreensão de *Povo e personagem*. O mergulho nas viagens aos povos e suas literaturas vai desaguar em outro livro com esse título[19]. O mais deslumbrante foi perceber as ancestralidades comuns, que convivem com as diferenças culturais.

Nos últimos meses de 1995, na campanha da eleição para a presidência de Portugal, o ex-presidente Mário Soares enunciou, na televisão, um entendimento curioso da relação do político com a sociedade: *É preciso que haja os que recolhem a respiração da sociedade e possam se opor às formas de poder.* Seriam apenas os políticos os que sentem a respiração social? Ao que tudo indica, outros peregrinos dos espaços públicos, observadores participantes, garimpeiros da voz coletiva ou poetas do cotidiano também percebem o tônus do seu tempo.

A respiração da sociedade reflete os anseios profundos e desenha as identidades. Dela se alimentam os artistas, as vozes da sensibilidade cotidiana ou os políticos que propõem a transformação. Quando os conflitos entre sociedades como as de língua portuguesa chegam ao fato consumado da guerra, não há como atribuir os mesmos significados às forças repressivas de qualquer forma de autoritarismo e às diferentes comunidades que aspiram (e respiram) outro estado de coisas. Ao visitar e trabalhar na África, aprendi essa lição – os moçambicanos, por exemplo, não confundiam (na época da pesquisa, em 1986) o povo português e seus poetas com o poder colonialista. Esse primarismo dicotômico aflora em momentos de crise, mas, é bom que se diga, se situa em mentalidades oficiais, discursos vazios de *marketing* político ou em certa imprensa reducionista, incapaz de sentir a respiração social.

---

18. *Viagem à literatura portuguesa contemporânea,* Rio de Janeiro, Nórdica, 1983; *Escritor brasileiro hoje – a posse da terra,* Lisboa, Imprensa Nacional/Casa da Moeda, 1985; *Sonha mamana África,* São Paulo, Ed. Epopéia, 1987.
19. MEDINA, Cremilda. *Povo e personagem,* Canoas, Ed. da Ulbra, 1996.

A ARTE DE TECER O PRESENTE   69

É curioso comparar, na experiência direta da rua, o tônus cultural dos portugueses em camadas sucessivas da contemporaneidade. O estudo das literaturas se deu na década de 1980, e na posterior, ao trabalhar na Universidade Fernando Pessoa, do Porto, constatei alguns confrontos. A sociedade vivia, no início dos anos 1980, sob a euforia do ideal de Comunidade Econômica Européia (CEE), que a seguir se reduziu para CE e hoje, União Européia. Os discursos do poder europeu anunciavam então o paraíso, o da ruptura de Portugal com as tradições, compromissos históricos e geopolítica secular para aderir ao novo e progressista cenário da mundialização organizada em grandes blocos regionais. Aparentemente, a sedução do macroprograma oferecia um horizonte de eficiência irreversível, porque resolveria todas as dificuldades do cidadão português. E assim se diagnosticava, apressadamente, que os tempos ibéricos – "aquém Europa" – haviam acabado.

Na década seguinte, já se percebe que os ritmos econômicos e políticos não coincidem com as pulsações culturais. A modernização passou pelas estradas (a era do primeiro ministro Cavaco Silva ficou cunhada como a *era do cimento*), pelo mundo da informática, pela liberalização do mercado, mas, paralelamente, pelas seqüelas típicas da modernização capitalista, a principal delas – o desemprego. Observa-se que, passada a euforia e enfrentamento com as desilusões da ideologia do progresso, a respiração portuguesa sugere velhas ressonâncias. Todos os traços de identidade remota estão à tona nas velozes auto-estradas. O orgulho e o conforto de se afirmar como europeu passa a conviver, quase sempre, em conflito com a afirmação de ser ibérico, português.

Um olhar apurado capta uma cidadania à portuguesa, reiterada a cada novo momento histórico. Não é diferente no Brasil. O mesmo exercício de afirmação está presente nas ruas, nos ambientes informais, no cotidiano doméstico. Os escritores se impregnam da identidade cultural, o povo se reflete nos personagens da literatura. Ao me dedicar à viagem e à leitura cultural através da arte, casadas as duas experiências pela fruição e a descoberta de sentidos profundos, aflora em minha própria oficina uma compreensão sutil de *Povo e personagem*. Assim, por exemplo, toda vez que um africano de língua oficial portuguesa assinala seu lugar na geopolítica do mundo, se remete aos *Cinco da África*. Mas não abdica das diferenças nacionais e, no âmbito de cada país, canta as culturas e línguas maternas. Depois de tantas histórias, idas e vindas, mais perdas do que ganhos, guerras, tragédias da escravidão, vidas ceifadas pela aids e pela fome, protagonistas complexos e contraditórios como colonos, exilados ou deserdados, como ignorar a subjetivação de identidades tão assustadoramente resistentes? No asfalto urbano ou na estradinha de terra, lá estão as pegadas. E as literaturas africanas em português são de tal forma fiéis aos povos que os personagens saltam pela originalidade.

O escritor moçambicano Calane da Silva ouvia, na noite de setembro de 1986, em Maputo, as palavras nascidas de meu espanto perante a resistência humana na África, berço do *sapiens*. Dizia eu ao poeta que era indecifrável para mim a permanência do sonho na luta de uma sobrevivência atroz. Ele pegou um papelucho e escreveu, no ato, o que viria a ser a epígrafe do meu livro *Sonha mamana África*:

> *ainda achas que temos sonhos*
> *ainda achas que estamos vivos*
> *não achas que nós, vivos,*
> *estamos perdidos*
> *pessoano não sou*
> *venho do bairro limítrofe*
> *onde a pólvora do mundo*
> *conosco acabou*

Não se resolveram os espantos, mas o poeta sintetizou num pequeno guardanapo de papel a condição humana africana. A arte acumula muitas virtudes, mas duas delas se sobressaem: tensão e densidade. Na língua portuguesa, a poética mestiça nos quatro continentes dá às intuições profundas uma plasticidade invejável. Certa vez, o escritor peruano Mario Vargas Llosa, quando trabalhava no romance *Guerra do fim do mundo* e mergulhava não só nos *Sertões* de Euclides da Cunha, mas também em outras obras da literatura brasileira, confessou em uma conversa na sua casa de Lima: *Tenho inveja dos escritores de vocês; eles têm nas mãos uma língua muito mais plástica que nós, por isso trabalho tanto na estrutura do romance, não há o que fazer na frase.* Se a língua, que já está legitimada como pátria, mátria e frátria – para lembrar Pessoa e Caetano –, revela ecos profundos do *modo de ser*, ela não só diz o que efetivamente somos, como anuncia o que gostaríamos de ser: o sonho perante a adversidade histórica, o mito espelho do desejo coletivo que se derrama na poética.

Mas a poética está colada ao modo de ser. Os jovens portugueses estão hoje mais do que nunca conscientes do que os define perante os demais jovens europeus. Em contrapartida, cultivam a paixão ancestral pela América e pelo Brasil, em particular. Os cinco da África negociam com o mundo, procuram alianças e proteções internacionais em pleno pragmatismo da guerra, das catástrofes e da fome. Nessa nau do desespero, persistem ligados ao Brasil e a Portugal. Os brasileiros compõem econômica, política e culturalmente com a América Hispânica no todo da latinidade, mas não desertam do contínuo histórico: Portugal e países africanos ou Timor Leste são indissociáveis da identidade lusófona. Como abstrair o laço mítico que se atualiza e complica tanto nos elos da intersubjetividade quanto nos acordos materiais?

Para os políticos da transformação, basta recolher nas ruas a respiração da cidadania. Os anseios de mudança no caos da história saltam também dos que se escrevem na língua mestiça e pluralista de Fernando Pessoa, José Craveirinha ou Carlos Drummond de Andrade. Ou na inspiração da oratura de dona Mariazinha:

– Ó minha senhora, acha isso justo para uma pessoa idosa como eu? A reforma mal dar para os remédios e o aluguer?

Da rejeição ao delírio, os anônimos da vida real se valem da mesma alforria da viagem. A vizinha cria o contraponto emancipatório:

– O que me vale, dona Mariazinha, é que viajo muito. Pró ano vou à América.

Ainda o
gesto original

Convido o leitor a fruir um conto da escritora brasileira Ana Maria Martins.

Júri de família

Não deu tempo de se levantar. Traiçoeira, a golfada veio de repente sobre o prato, respingando a toalha. Um gosto azedo na boca, vergonha e mal-estar. À sua volta as fisionomias enojadas, vultos balançando na obscuridade enjoativa. Ergueu as pontas da toalha, cobriu a imundície. Levantouse, a vista turva, a mão agarrada com firmeza ao espaldar da cadeira. Nem tinham chegado à sobremesa.

Como de costume sentara-se na cabeceira a ré, na extremidade oposta ao marido. Filhos e genros sustentavam, nas laterais, a solidez da estrutura. Era a hora da cobrança. Sentia-se na travessa retangular de prata, esquartejada e servida em postas. Que deslizavam no sangue. E quando os dentes do garfo atravessavam as fibras, vinham a dor e o enjôo.

Na cama, a boca lavada ainda amarga, ela recompõe as postas. Suturadas até o próximo esquartejamento.

Ana Maria Martins,
Katmandu, Global, 1983.

Rodapé de homenagem

À distância de 17 anos, o texto selecionado para representar a obra de Ana Maria Martins no meu livro *A posse da terra, escritor brasileiro hoje*, tem um sabor de leitura coletiva. O conto "Júri de família" circula em cursos de graduação e de pós-graduação, em seminários e em oficinas de narrativa há duas décadas. A fruição dessa jóia literária começa pelo impacto emocional e se desdobra na admiração pela escritora capaz de sintetizar em tão poucas linhas um universo ao mesmo tempo cotidiano e transcendente. Os sentidos que os leitores mobilizam surpreendem a cada grupo, a cada geração. Jovens estudantes, homens ou mulheres, alunos de programas de terceira idade partilham, constantemente, o deslumbramento e a profundidade do conto. Muitos são os caminhos de interpretação, mas todos vão desembocar na condição humana. Alguns ainda insistem no fato de que a autora nos dá a perspectiva feminina, mas a corrente majoritária mergulha no mito que transcende a experiência dos gêneros. Você não imagina, Ana Maria, como perturba e maravilha com a miniatura de engenho artístico que se torna um monumento de tensão e densidade.

Mito e
visão de mundo

A construção social dos sentidos acontece na rua, no cotidiano e na oratura cujas marcas de estilo revelam a poesia dos cantadores anônimos. Ao relacionador de vozes e gestos cabe coletar esses *textos*, ligá-los e partilhar os sentidos da produção intertextual. Que faz o poeta que se consagra no registro? Toma de empréstimo o imaginário coletivo porque o carrega colado à consciência literária, num afloramento constante do vulcão inconsciente. O *gesto da arte* em muito se afina com o *gesto coletivo* e, assim como a literatura, a oratura traduz o humano ser.

Se a comunicação social se propõe a ação solidária, construir redes de significação contemporânea, terá de pesquisar, sensibilizar-se e praticar as dialogias. A competência comunicativa vem sendo desenvolvida por estudiosos que formam certas gramáticas operacionais. O acúmulo desses conhecimentos constrói paradigmas racionalizantes que se aplicam às práticas profissionais. Hoje, a reflexão sobre os impasses da comunicação forma uma massa crítica considerável com ênfase nos diagnósticos sobre o lugar da mídia na sociedade. E o pragmatismo das sociedades modernas mostrou agilidade ao disciplinar a atuação do comunicador, pelas regras do *como fazer*.

A tradição teórico-prática ora se debruça sobre as *explicações* sociológicas, ora *analisa criticamente* as implicações ideológicas da produção de sentidos da contemporaneidade. A narrativa da comunicação coletiva dá forma a essa produção simbólica. O mundo da ação social e o mundo das idéias são, pois, os grandes temas das correntes que informam os estudos de comunicação social, coletiva ou de massa, conforme vem sendo nomeada. A tradição norte-americana teoriza com primazia a preocupação funcional da comunicação, e a teoria crítica, de forte acento europeu, pretende denunciar as ideologias de poder (quase sempre definido nos âmbitos político e econômico) como determinantes dessa produção simbólica.

Mas as mediações de sentidos no mundo de hoje exigem do estudioso maior amplitude de pesquisa e mais densa complexidade. Alguns dos autores que atravessaram a perturbante *era dos extremos*[20] se debateram com essa complexidade e alargaram a compreensão do fenômeno, criando *noções* cada vez mais abertas no lugar de *conceitos* cada vez mais dogmáticos. É o caso de Edgar Morin, autor que navegou os agitados mares da reflexão nas últimas cinco décadas de produção intelectual, valendo-se da energia das águas correntes. Morin não ancorou, em definitivo, nos sedutores paradigmas de cada época, nem se escondeu atrás de ideologias tranqüilizantes. Seu ato confessional – *Mes démons*[21] – narra a aventura do viajante da contemporaneidade que recusou o *status* de uma escola de pensamento. Em 9 fevereiro de 2003, o pensador francês deu uma entrevista ao jornal *O Estado de S.Paulo*, a propósito de um novo livro que propõe perspectivas para o século XXI. Na oportunidade reconhece o caminho das pedras: "Na verdade, são poucos os que estudam os problemas da sociedade complexa em que vivemos, comportando outras formas de risco, de incertezas e exigindo o aprendizado da história e da compreensão, indispensável à paz mundial".

Na trilha da rebeldia perante os limites paradigmáticos e ideológicos, o mediador dos sentidos da atualidade só ultrapassa *o cabo Bojador se for além da dor*. E o enfrentamento com a dor, simbolizada na poética de Camões pelo *Adamastor*, se dá no mergulho nas águas turvas. A dor recrudesce na rua, no cotidiano, no gesto da oratura ou no gesto da literatura. Nas cidadelas do poder científico ou nas trincheiras partidárias a dor encontra anestesia em determinado paradigma racionalizador ou nas ataduras ideológicas. Se o comunica-

---

20. HOBSBAWM, Eric. *A era dos extremos, o breve século XX, 1914-1991*, São Paulo, Companhia das Letras, 1995.
21. MORIN, Edgar. *Mes démons*, Paris, Éditions Stock, 1994.

dor, garimpeiro dos significados contemporâneos, transita pelo *mundo vivido*[22], as técnicas cristalizadas ou a ingenuidade ideológica comprometem a competência e a responsabilidade social. Esta, como diz Morin ao se referir acima aos políticos, se tece na compreensão da sociedade complexa. O risco e a incerteza são inerentes à viagem.

A fundura da dor que impulsiona a criação humana se cava na solidariedade com os desassossegados. O encontro humano que transcende o utilitarismo do momento ultrapassa a eficiência técnica, a velocidade tecnológica ou a racionalização da mentalidade vigente. O *diálogo* da comunicação coletiva se torna *possível* nas sagas do cotidiano, e a autoria poética do mediador surge da partilha dos desejos anônimos. Assim a ação social (conceituada pelas correntes sociológicas) requer uma sensibilização subjacente que emana das marcas culturais e atinge os perigosos caminhos do intimismo dos arquétipos. Sociedade, cultura e mito – uma espiral de afundamento na dor e na alegria de todos os dias – movem a ousadia no confronto com o Adamastor. Além, não se *sabe* quanto *além*, estará o mágico e misterioso campo da comunicação coletiva.

Será demais pretender que o ato comunicativo presentificado, veloz, volátil, seja um ato de comunhão dos desejos coletivos? A pergunta paira no instante do artesanato: um ser comunicador, solidário culturalmente, identificado com o outro, seu interlocutor, pode isolar-se da dor ou da epifania universal? Esse interlocutor tanto está situado antes da veiculação quanto depois, na distribuição da renda simbólica na comunicação coletiva. Antes, quando atua como voz social, fonte de significados, emissor, e depois, quando reelabora, quase sempre receptor anônimo, os sentidos distribuídos. E o vaso comunicante, o *técnico* que facilita, monta e distribui as narrativas do presente, será ele um ser objetivista que apenas implanta estruturas de mediação diretas ou equipamentos mediáticos? Todas são perguntas que remetem ou à responsabilidade da autoria ou à assepsia da concepção de objetividade. Cria-se o dilema: estão em jogo vários sujeitos da comunicação, ou o comunicador, ele sozinho, se arroga o direito de ser o portador da verdade?

Um mediador-autor constrói uma narrativa contemporânea que ultrapassa a função disciplinada nas sociedades industriais e

---

22. HABERMAS, J. *Teoria de la acción comunicativa 1 e 2,* Madri, Taurus, 1989.

pós-industriais. Justamente autor, porque a identidade lhe dá o diferencial. Por sua vez, a marca de autor denuncia a identidade cultural: aquele autor só poderia surgir daquele grupo humano que se expressa numa textualidade registrada – a literatura – e numa textualidade da rua, do cotidiano, que atinge a dignidade e grandeza da oratura. O estudioso que pavimenta a estrada profissional ou epistemológica como um ser solidário ao seu tempo inspira-se constantemente na literatura (*lato sensu, o gesto da arte*) e na oratura polifônica, a das diferenças culturais. O reencantamento pela cultura, produção de significados e comportamentos que caracteriza o humano, pode ajudar o técnico eficiente, o teórico consistente, a mergulhar nos mistérios da criação, abrir passagem para a intuição transformadora. Nas zonas obscuras da intertextualidade coletiva que acontece fora dos limites da consciência, sem as regras da racionalidade, o *poeta do momento* recolhe sentidos profundos, o recado que vem do íntimo humano ser.

Assim, sociedade, cultura e mito se fazem presentes no aperfeiçoamento do estudioso e do praticante de comunicação social. Embora as correntes teóricas e as gramáticas operacionais tenham se fixado por muito tempo na sociologia, hoje não é mais possível alijar o conflito dos diferentes e as identidades culturais, nem tampouco desqualificar as linguagens que transcendem a realidade palpável. A arte, a religiosidade, o mito, ao contrário de representarem a *negação do real concreto,* expressam uma comunhão profunda e universalizante com a realidade simbólica do humano. Ora, um "eficiente" comunicólogo ou profissional da comunicação que apenas fundamentar sua consistência nas explicações sociológicas, perdendo de vista a partilha cultural, até mesmo desqualificando a antropologia (berço da compreensão e mutações da idéia de cultura), dificilmente terá a oportunidade de aguçar a escuta poética, despoluir a consciência, captar ressonâncias transcendentes e se deixar contaminar pelas vozes inconscientes. Essa fina sintonia leva a dialogias que partem, sim, das situações sociais concretas, mas, ao mesmo tempo, decolam para o tempo recorrente da intertextualidade que só a arte e a oratura do cotidiano preservam na aventura humana.

Por que essa sintonia fina não se presentifica na maioria das práticas profissionais e na grande parte dos laboratórios científicos da racionalidade? Ao que tudo indica, as primeiras estão aprisionadas em ideologias cristalizadas e os segundos exercem uma razão científica que tende a aprisionar em metodologias dogmatizadas a liberdade da intuição. Prefere-se o chão duro do pavimento pré-moldado ao risco do inesperado, do indeterminado. Constroem-se guias e tetos mentais para agir sob regras, produzir significados que à origem já estão definidos por ideologias e paradigmas mentais. A pauta da produção simbólica desenvolvida e distribuída pelos meios de comunicação reforça diariamente os significados conservadores, pouco renova, pouco transforma. Na cobertura das guerras, então a produção simbólica se debate contra controles estratégicos dos lados envolvidos.

O antropólogo argentino Néstor Canclini concebe a dinâmica cultural nessa tríplice ação e chama à responsabilidade o agente criador. Em seu livro *As culturas populares no capitalismo*[23], analisa o perfil do conservador em contraponto aos renovadores e transformadores dos sentidos. Vale a associação aos mediadores-autores da comunicação social. Serão eles simples guardiões dos significados dogmatizados ou pesquisadores capazes de os refundar? Esta intervenção na primeira realidade através da realidade simbólica se alimenta, numa primeira instância, da consciência crítica. Reflexão e análise das ideologias toscas que levam um produtor a ser ingenuamente conservador, criam questões epistemológicas para os cientistas e municiam a construção de paradigmas consistentes. Metodologia, rigor ou disciplina racional são os instrumentos da desmontagem epistemológica de uma prática profissional alimentada pelas ideologias reducionistas. Chamando à discussão outra vez Edgar Morin, ele postula a epistemologia da complexidade para se sair do círculo asfixiante do que é primariamente ideológico. No âmbito do saber científico se admite, com naturalidade, a complexidade das correntes paradigmáticas, a trajetória de conflitos e a produção inacabada e imperfeita dos significados atribuídos ao mundo (vide Thomas Kuhn).

Fritjof Capra, em *O tao da física*[24], se vale de uma metáfora muito sugestiva. *Uma coisa é o território; outra coisa é o mapa que se desenha do território.* Se houve algum momento em que se acreditava ideologicamente que a cartografia humana era um paradigma definitivo para, com técnica e tecnologia, produzir um retrato obje-

---

23. CANCLINI, Néstor. *As culturas populares no capitalismo*, São Paulo, Brasiliense, 1983.
24. CAPRA, Fritjof. *O tao da física*, São Paulo, Cultrix, 1983.

tivo do mundo, hoje não se pode entender com essa dureza objetivista a mutante capacidade de simbolizar um território em um mapa. A situação perturbadora que se nomeou como *crise de paradigmas* atesta a instabilidade dos saberes científicos. Não se pode alcançar o pináculo da excelência, empurrando para o exílio os demais saberes humanos, julgados inferiores. Não se esgota, portanto, em determinada corrente de consistência teórica, acompanhada de metodologia rigorosa e recursos técnicos atualizados, a oficina de aperfeiçoamento do estudioso e do praticante de comunicação coletiva.

Os desafios são mais grandiosos do que as racionalizações. Sempre alguma coisa escapa à cartografia apreendida, gramaticalizada. É claro, quando o produtor cultural se fecha nos meios assim disciplinados – o caso das redações jornalísticas, com seus princípios definidos, seus manuais estruturados –, dificilmente o mediador dos sentidos da contemporaneidade decola para a poética da criação (nem mesmo graduado e pós-graduado). Esse profissional executa um processo simbólico sob a batuta das ideologias do momento e sob aqueles paradigmas que lhe convêm para demonstrar a tese préconceituada e preconceituosa.

Os ambientes fechados, tal qual um hospital, padecem da falta de circulação de idéias, tornam-se focos de infecção ideológica. Para oxigenar a pauta viciada, nada melhor do que ir à rua. Dos convivas do cotidiano podem surgir vetores de renovação na atmosfera claustrofóbica de uma redação. A autoria criativa recebe do gesto e da voz dos saberes cotidianos uma inspiração inestimável que não se circunscreve nas ideologias de grupos nem em um paradigma científico absoluto. Tal inspiração desperta a respiração profunda e coletiva que desborda um sentido fragmentado e descortina uma *visão de mundo*.

Ideologia, paradigma e visão de mundo, outra escala de aprofundamento para o aprendiz de mediações socioculturais do presente. Mexer com as subjetividades que a dialogia social presentifica faz vir à tona tanto a visão de mundo do interlocutor quanto a visão de mundo do comunicador. A troca, o embate, a interatividade criadora se dá na cultura, espelho profundo de certa sociedade. Mais catártica ainda é a virtualidade do toque poético, ou seja, por mais díspares que sejam as mundivisões, muitas vezes de raízes socioculturais contrapostas, certamente comungam a mesma utopia humana.

Pela visão de mundo passam ideologias e paradigmas, mas a inquietude de vida não se acomoda nem na certeza ideológica nem na promessa da razão científica. O poeta sente a inquietude e, por isso, sofre para além das fórmulas garantidas. Não recusa a angústia permanente, abre o peito ao grito dos desajustados, parafraseando Nicolau Sevcenko[25], em sua compreensão de literatura. Seria a visão de mundo dos desajustados o grande repositório da cultura, dos mitos, da invenção de outra História? Não estariam os desajustados transitando nas ruas calçadas e nas ruas de esgoto a céu aberto da cidade contemporânea? Se os poetas colhem a *alma encantadora das ruas,* como disse João do Rio[26], será possível um autor-mediador dos sentidos contemporâneos abrir sua usina técnica, paradigmática, às visões oníricas e encantatórias do cotidiano?

A epistemologia da complexidade e a crise de paradigmas se humanizam na desmesura da vida. E a vida se vive no momento. Como podem ser regrados o estudioso e o tecelão da narrativa presentificada, se lidam com os gestos tão desmesurados quanto incomensuráveis do humano ser? Esse narrador que pratica *a arte de tecer o presente,* se não se entregar afetuosamente à compreensão das *visões de mundo,* cedo frustrará o projeto de autoria. Se não se acrescentar à excelência sociológica a arte de tecer os desejos coletivos e as sabedorias intuitivas, a rede de sentidos não atingirá o tom maior da generosidade. Partilhar a visão de mundo do outro, dela extrair a utopia humana e ampliar a competência técnica e científica na narrativa solidária não é uma miragem, é uma possibilidade. A arte que o confirme. Desde sempre os artistas registram o sonho como marca que transcende a sociedade e a cultura. O poeta Fernando Pessoa que o diga: *O mytho é o nada que é tudo.*

Da arte portuguesa à brasileira, a identidade se estampa na poética, esteja onde estiver o criador. Façamos um passeio a Paris e lá surpreendemos as marcas míticas – *que são tudo* – de Cícero Dias. Um caso exemplar: o pintor viveu uma vida fora do País, se sintonizou com os arquétipos universais e, no entanto, nunca abdicou de vestir de brasilidade os mitos que fixou em suas obras.

---

25. Sevcenko, Nicolau. *Literatura como missão – tensões sociais e criação cultural na Primeira República,* São Paulo, Brasiliense, 1983.
26. Rio, João do (organização de Raúl Antelo). *A alma encantadora das ruas,* São Paulo, Companhia das Letras, 1997.

Louco no melhor
sentido: brasileiro

Janeiro de 1980, 11 horas da noite. No inverno e no asfalto molhado, o trânsito é perigoso em Paris. Cícero Dias, aos 72 anos, faz loucuras naquelas ruas que já conhece como a palma da mão desde os anos 1930. A seu lado, Raymonde tenta conter as guinadas nas esquinas ou os impulsos do artista mudando de faixa, ultrapassando os motoristas locais. Não adianta, os gestos expressionistas do pintor ora acompanham a conversa animada, ora comandam uma direção inquieta. A companheira, discreta na disciplina européia, às vezes perde o controle: *cuidado, cuidado*. No banco de trás, Ana Flávia, minha filha adolescente, se apóia em mim. Estou com o coração nas mãos. Ainda que muitos tenham cultivado o desejo de morrer em Paris, eu estava ali em férias, responsável pela menina que me acompanhava e, deslumbrada, descobria o mundo para além das fronteiras brasileiras.

Mas Cícero Dias fazia questão de voltar a essas fronteiras. À tarde desse dia de pouca luz e frio, na sua casa, era preciso também fazer ziguezagues entre as obras espalhadas por todo o amplo apartamento parisiense que, de tantos quadros, ficava apertado. Não vi mais o pintor que morreu no dia 28 deste outro janeiro de 2003, 23 anos depois daquela visita epifânica. A cobertura jornalística relatou a morte serena de um artista lúcido, pintando todos os dias até a madrugada. Imagine-se como estaria o apartamento na rue Long

Champ, endereço de quarenta anos, onde o encontrei em 1980, esfuziante com a pintura e ufanista com o Brasil.

Praticamente não houve interrupção no fluxo de consciência de Cícero Dias do meio da tarde até as 11h30 da noite, quando nos deixou, Ana Flávia e eu, na porta do hotel. A paixão pelas raízes sustentou horas de memórias de vida e horas de símbolos delirantes ali presentes nos quadros que mostrava sem cansar. A jovem adolescente, que se encantava com Paris, precisou dar um tempo à emoção da viagem para voltar ao Brasil pelas mãos de Cícero Dias. Pernambuco, Recife e outras paragens brasileiras eram recorrentes na conversa e movimentos amorosos. A narrativa lembrava um saudoso despatriado, apesar dos constantes retornos.

Conhecera o artista em São Paulo, numa exposição da galeria Portal, em 1977. As viagens ao país de origem sempre reforçaram as raízes brasileiras daquele ilustre habitante, que há muito pertencia ao círculo parisiense. Numa das primeiras vindas, em 1952, José Lins do Rego recebia carinhosamente o filho desgarrado de terras pernambucanas: "Chegará hoje ao Brasil onde fará exposições de pintura o mestre Cícero Dias. Mestre é a palavra que parece não se ajustar a Cícero. Mas não me arrependo de ligá-lo ao nordestino que é o mais legítimo homem da terra que conheço, o mais autêntico menino de engenho que possa existir".

Ele, que nasceu em 1908, em Jundya, a 53 quilômetros do Recife, nunca foi acusado de filho pródigo. Nem abdicou dos primeiros passos: a iniciação à pintura se deu pelas mãos de uma tia, ainda na infância de Cícero e do século xx. Depois, os estudos de arquitetura no Rio de Janeiro, para onde se mudou em 1922 e, logo em seguida, a pintura como opção radical. A vida não teve mais sentido senão no imaginário de suas telas.

Paris, a partir de 1937, lhe deu o lugar justo – a arte universal com dicção e sintonia brasileiras. Antes, alguns críticos superficiais o enquadravam no primitivismo. Como se a obra de arte pudesse ser categorizada como menor ou maior, ingênua ou erudita. O critério menos arrogante é o que os artistas do convívio parisiense, entre eles Picasso, consagraram: a pintura de Cícero Dias é *necessária*. Para ele e para o Brasil. Nos 95 anos até sua passagem, o mundo onírico das madrugadas não esmoreceu. Em 1977, no encontro em São Paulo, fez questão de proclamar sua fidelidade à voz íntima e à voz coletiva expressas nas obras que assinou: "Quando os artistas se escravizam a um sistema, evidentemente entram em crise; prefiro a liberdade, não quero saber de esquemas que estão na moda e, por isso, são mais cômodos. Esses que se escravizam, logo enfrentam o desgaste e a crise. São inevitáveis" (entrevista publicada em *O Estado de S.Paulo,* a 23 de outubro).

O passar das décadas no laboratório febril de Paris, mais do que qualquer museu ou galeria, revela a pesquisa de "aquisição do tempo", nas palavras do crítico Antônio Bento. Formas geométricas, abstração, nova figuração, expressionismo ou surrealismo – todos movimentos que cantam em polifonia uma significação uníssona, brasileira. Cícero Dias sabia disso. Para ele, a chamada linguagem regionalista, ou seja, popular, tem de ser traduzida numa linguagem universal. Em alguns momentos, a própria obra declara essa verdade, como no painel *Eu vi o mundo... Ele começava no Recife* (realizado entre 1926 e 1928).

O mundo que começava no Recife se alargava por todo o país de origem. Gentes e cores do Hemisfério Sol tomaram todo o território simbólico de Cícero Dias. Na tarde de 1980, Paris desaparecia perante a delícia de conversar em português de coisas de Brasil. Ficou encantado quando lhe disse que trouxera para uma reunião da Unesco a documentação de Quito (primeira cidade-monumento do patrimônio histórico e artístico mundial) e entregara naquela manhã ao secretário de Cultura do MEC, Aluísio Magalhães. Ele estava empenhado na defesa de Ouro Preto para que a cidade histórica mineira fosse reconhecida como monumento mundial. Cícero não parou mais de falar das maravilhas de Minas Gerais, do Maranhão, de Pernambuco. Lá pelas tantas veio à tona a vida cotidiana, abandonou abruptamente os passeios da arte e da paixão e nos convocou: *Vamos jantar no La Coupole.*

O restaurante parisiense, famoso pela freqüência artística, deu a ele e a Raymonde a oportunidade de falarem da experiência francesa. No à vontade de quem faz parte dessa outra terra, Cícero tanto regeu os vinhos e os queijos como as histórias dos artistas familiares ao ambiente. Esses, amigos de todo um século, estão hoje fixados na sua biografia. Sobretudo Picasso, padrinho de sua única filha, a pintora Sylvia. Mas talvez se possa acrescentar um pequeno detalhe revelador do moleque de engenho. Num desses momentos singulares que muito mais tarde adquirem um sentido que transcende a circunstância, o velho pintor virou para a menina de 14 anos e com brilho malicioso sussurrou: *Ana Flávia, vamos pegar este prato do pão e você vai guardar na sua bolsa como lembrança de Paris.* O pratinho está aí na prateleira da minha sala no ano da morte de Cícero Dias. La Coupole, o desenho *art déco* na porcelana, nos diz, à minha filha e a mim – *Sou muito mais do que a lembrança de um restaurante famoso de Paris.* Impossível não enxergar nesse objeto o gesto louco do artista.

A vida
no varejo

O onírico da arte e o cotidiano da rua se encontram na dimensão mítica, na identidade cultural e na visão de mundo de um povo. Cícero Dias viveu grande parte de sua vida na França e lá imprimiu as digitais de sua brasilidade. Quando vinha ao Brasil, é possível imaginar a cena: ao pegar um táxi no aeroporto do Recife, imediatamente entraria em sintonia com o motorista batendo um papo inesgotável. Da economia à política, da vida pessoal à temperatura ambiente, a Terra de Santa Cruz estaria em cartaz como se ambos – o artista famoso em terras estrangeiras e o sujeito anônimo do berço pernambucano – convivessem todos os dias.

Não há o que estranhar neste flagrante: poderia ser real na vida de Cícero Dias. A narrativa do cotidiano da gente miúda, anônima, sempre contaminou a arte. Um círculo virtuoso: o artista se sensibiliza diante da vida no varejo e o homem comum se emociona com os poetas. A cumplicidade de ambos cria o laço de comunicação perfeita. Um ouve o outro, porque partilham o desejo coletivo na sua expressão escrita, a da literatura, ou na sua expressão oral, a da oratura.

A comunicação social só em momentos luminosos atinge a comunhão poética, embora os autores busquem a eficiência da legibilidade. Falta à narrativa regida por fórmulas o toque mágico da *comunicação humana*. Por mais que os artistas se esmerem na oficina artesanal e na disciplina racional da execução de suas obras, há sempre um mistério criativo que emerge do inconsciente coletivo. Os temas não são muitos, mas a linguagem dos arquétipos, atualizada pela história e pela cultura, traz consigo os segredos da identidade. O povo dá as chaves para os personagens. Por que os autores dos discursos de atualidade, essenciais ao exercício da cidadania, não estão perto das vozes do cotidiano como os artistas? Por que não ouvir um anônimo motorista de táxi?

O vôo
do sabiá

Vanderlei decide visitar a irmã e o cunhado em São Paulo. Há tempo estava para comprar uma passagem de ônibus e vir passar uns dias na casa da família em Santa Cecília. Não está certo fazer tanta onda para sair lá do sítio no interior e conhecer a selva de pedra. Dizem na parentada que a irmã se ajeitou na capital, que o marido conseguiu um *apertamento* até que bem decente. Quem sabe vai com o cunhado ver um joguinho no Pacaembu...

Ficou espantado. Ainda não arrumaram ingressos para o jogo, mas jamais imaginava que, naquela cidadona, visse e ouvisse tantos sabiás. Na primeira manhã em São Paulo, Vanderlei acordou nos alvores do dia, como costumava acontecer no sítio, mas o canto era demais. Levantou da cama improvisada na salinha, foi à janela e percebeu que não sonhava. Quantos sabiás. Tentou não fazer, ele, barulho, embora a passarinhada encobrisse seus passos em direção à cozinha. Pouco depois, chegava o cunhado para tomar um café e sair correndo para o serviço. Não resistiu à pergunta:

– *Antônio, como é que tem tanto sabiá aqui na cidade?*

– *Você não sabe? É simples. Se lá no interior aparece um sabiá voando, vocês pegam a espingarda e matam na hora. Os pobres dos bichos fugiram todos para São Paulo. Aqui no Pacaembu está cheio de sabiás e você não vê ninguém matando passarinho. Eles não são bobos nem nada, estão tudo aí cantando.*

Quem me conta esta história é o seu Nilson do Nascimento, motorista de táxi de São Paulo. Dia de rodízio, saí da João Moura para a Cidade Universitária, e na Cardeal Arcoverde um senhor de cabelos brancos (logo depois fico sabendo que tem 61 anos), jeito muito gentil, cara limpa, sorridente, logo se dispõe à conversa, se não fiada, oportuna e poética. Nem sei como veio a história dos sabiás. O certo é que Nilson não pára de contar histórias.

– *A senhora sabe qual é a tiazinha dos gaúchos?*
– *Não, meu senhor.*
– *A tiazinha dos gaúchos é o Zorro.*
(Conto-lhe que tenho lá meu lado gaúcho...)
– *Não leve a mal a brincadeira. É que eu gosto muito de piada.*
– *(Risadas.) E o senhor, de onde é?*
– *Sou do Rio Grande do Norte. De Caiapó. A senhora conhece?*
– *Não, só Natal. Terra muito linda.*
– *E a senhora sabe o que tem lá no meio de Caiapó, já ouviu falar?*
– *Não sei, não.*
– *O i, minha senhora. (Risadas.) E sabe como deram esse nome à cidade? O índio andava naquelas terras e viu uma árvore quase caindo, sentou ali perto, cuidou pra não ficar na direção do tronco e começou a repetir* **cai icó, cai icó, cai icó.** *(Nilson ri mais do que ninguém.)*
– *Como é que o senhor consegue manter o humor guiando no trânsito de São Paulo?*
– *Adoro esta cidade. Hoje mesmo levantei à uma da manhã. Que frio, nove graus hoje de manhãzinha.*
– *E vai até à noite?*
– *Sou capaz de emendar até o outro dia. (Talvez Nilson tenha se dado conta de que a morte trágica do dramaturgo brasileiro Dias Gomes há dois dias e a pauta dos excessos dos motoristas viesse à baila, foi logo explicando.) Eu sou muito dorminhoco; quando sinto sono, vou em casa e durmo, adoro tirar uma soneca. Às vezes vou na casa onde a minha namorada trabalha e tomo um café. A senhora não está precisando de uma diarista? A minha Geralda é uma pessoa muito honesta, nasceu em Minas, cuida de uma casa como ninguém. Pode confiar nela, garanto pra senhora. A mãe da Geralda trabalha há trinta anos com uma família de Alphaville, criou as filhas lá e en-*

sinou tudo a elas. Quando conheci a Geralda, estava separada do marido e já trabalhava em duas casas em Higienópolis, a senhora pode pegar as referências, tenho os telefones. A senhora deve estar estranhando esta minha conversa, é que eu sou muito apaixonado pela Geralda. Quando ela se separou do marido, ele tinha 31 anos e eu 57. Até hoje ele não se conforma: o que a minha namorada viu em mim?

– Provavelmente essa sua alegria, não é?

– Realmente, adoro a vida. Pra mim tudo vai dar certo. E a senhora sabe do último plano do presidente Fernando Henrique?

– Não, não sei. (Lá vem ele...)

– É o Plano Latinha.

– Plano Latinha?

*– É assim: o sujeito leva amigo na sua rua e vai mostrando, **lá tinha uma padaria, lá tinha uma loja, lá tinha uma oficina de carros...** (Mais risadas.)*

– Então o senhor é contra o governo?

– Eu não, minha senhora. Acho que as coisas vão bem, eu estou satisfeito, trabalho muito, tenho a minha Geralda, que mais eu quero?

Vamos chegando à USP, manhã de 19 de maio de 1999, recebo o cartão de Nilson Alves do Nascimento e os telefones de contato com sua namorada, Geralda.

Tesouros
do cotidiano

Na formação do educando, em todos níveis da escolaridade, um dos maiores desafios é a motivação da iniciativa que transforma a situação aparentemente imutável. Além de ensinar o que sabe e o que está aprendendo, o professor anima o aluno a desenvolver suas próprias descobertas e a criar estratégias perante as situações imediatas. Aquela sabedoria popular, que, embora seja cunhada de utilitária, representa os estímulos sagrados do presente – para que serve o que estou estudando? –, põe em relevo a atualização do processo de ensino e aprendizagem. A presentificação do projeto educacional, por mais que certas disciplinas tenham vocação para o tempo histórico, em retrospectivas ou busca de raízes, emerge das necessidades oportunas para viver ou sobreviver, conforme o grau de cidadania. Até mesmo na capacidade subjetiva de sonhar, em que o tempo estritamente histórico desaparece, há uma constante presentificação simbólica inspirada nas contingências do desejo humano.

As cronologias e a linearidade das técnicas pedagógicas, sob a alegação de que formulam os conteúdos de maneira mais clara, "didática", empurram a atualidade para um tempo posterior que nunca alcança o calendário escolar. São exemplos disso o ensino da História ou o ensino das Literaturas. Para tomar o caso da história, como um aluno contemporâneo pode formular perguntas e ensaiar uma compreensão dos principais problemas do presente?

A vida do educando, nos seus diferentes contextos socioculturais ou na diversidade dos indivíduos, está repleta de impasses, mistérios e impulsos para que participe da construção de seu destino. Daí este presente imediato ser sagrado. O educando é, ele próprio, a força da atualidade e espera da escola, além do preenchimento de outras carências – que muitas vezes começam pelo déficit de nutrição –, informações que o ajudem a se desempenhar nas emergências diárias. A informação do passado e todos os acervos disponíveis, inclusive os que mobilizam a informática, preparam a consistência de uma ação criativa para o futuro. Mas se o educador não presentificar os grandes dilemas da herança na atualidade, corre o risco de congelar o impulso transformador de cada aluno. Já se descartou, pedagogicamente, a "decoreba", a mecânica memorização dos conhecimentos consagrados. Ao reequacionar esta prática de ensino, se avançou muito na pedagogia contemporânea, mas um dos caminhos para fertilizar a dinâmica do ensino-aprendizagem permanece à margem – passa-se ao largo das situações cotidianas do presente em que os conhecimentos especializados adquirem outras significações.

O saber científico, repassado às disciplinas escolares, pretende, numa ambição por vezes desmesurada, traçar diagnósticos, mapas (com perdão da metáfora, senhores geógrafos) e conceitos abstratos para *controlar* a ignorância humana. As sociedades, os grupos, as regiões, o planeta são enquadrados em leis, princípios, homogeneidades ou regularidades por atacado (daí as gramáticas, os manuais didáticos) que o varejo do cotidiano desmente. O aluno vem da particularidade de sua vida, do extrato sociocultural a que pertence e vai à escola para ser iniciado a um conhecimento universal, cujo *marketing* lhe vende a ilusão das grandes soluções para o mundo e para sua carreira individual. Sem demora, manifestam-se sinais esquizofrênicos entre o dia-a-dia e aqueles pacotes conceituais que deve assimilar na escola. Para que serve e servirá tudo aquilo se na rua, em casa ou no mundo subjetivo da fantasia os temas escolares não confluem com a realidade? Pelo contrário, a impotência perante o mundo cresce.

Talvez o professor se refugie no conhecimento acumulado e registrado em suportes nobres (incluindo hoje os bancos de dados ao alcance das escolas de alto poder aquisitivo), porque ele, como seus alunos, se sente extremamente inseguro para viver o próprio cotidiano. Com toda a amplificação dos meios de comunicação e com a conseqüente ideologia crítica que os desautoriza, o professor fica desconfiado de se valer desses meios na sala de aula, conforme dita o figurino atual. Muitas vezes, como usuário da informação de atualidade, não consegue ler mais de um jornal, uma ou duas revistas, acompanhar rádio e telejornalismo (como descrevem as estatísticas e análises especializadas em recepção de cidadãos plenos). Em rodas de amigos, no entanto, o modismo intelectual é praticar a crítica dos meios, alimentada por conceitos vulgarizados a partir do paradigma dos efeitos funcionalistas ou da sociologia crítica da comunicação dos anos de 1940, vocalizada pela Escola de Frankfurt. A esses conceitos se acrescentam reduções maniqueístas, como, por exemplo, o conceito de causa e efeito, ou a determinada intenção maquiavélica das mídias contemporâneas corresponde um resultado coletivo na recepção. Então o professor bem-intencionado e até compelido pelo projeto educacional do país quer aplicar em sala de aula aquele que é o discurso de atualidade por excelência e não sabe muito bem como.

O jornalismo, na comunicação social, faz da narrativa da atualidade a sua matéria-prima. O que não quer dizer que o cotidiano seja privilegiado como seria o desejável. A comunicação social e o jornalismo carregam as mesmas marcas do cientificismo, antes referidas na educação. Se o acontecimento social do momento define o discurso da atualidade que se veicula no jornalismo, as fórmulas como se expressam significados do presente no noticiário quase sempre ocultam a cena cotidiana e anônima da gente miúda – cidadãos, subcidadãos e deserdados. O cotidiano na atualidade está, no jornalismo como em outras esferas de conhecimento, aprisionado em paradigmas em crise. O discurso cientificista da objetividade e da busca da verdade serve de frágil escudo para defender práticas jornalísticas reducionistas.

A redução que se faz do presente humano nas narrativas de atualidade espelha o pouco-caso que se dá aos múltiplos tempos em jogo na emergência diária. Por "gancho" (gíria jornalística) de atualidade se entende o tempo consagrado pelos eventos político-econômicos, o tempo inesperado dos desastres, dos avanços e retrocessos das guerras, das catástrofes e, acima de tudo, o tempo industrial da periodicidade jornalística. As flutuações entrelaçadas de curta, média e longa duração não comparecem, na maioria das pautas informativas, apesar das facilidades dos acervos, à disposição nas sinopses

A ARTE DE TECER O PRESENTE

informativas da internet, ou na bibliografia ou ainda nas pesquisas científicas em processo. O conceito de atualidade esquematiza de tal forma o presente que o acontecimento humano se transforma num fato jornalístico isolado, pontual, sem nexos objetivos nem significados subjetivos. O tempo cultural, mágico, mítico – tão necessário para revelar os protagonistas da ação social nas suas caracterizações individuais –, mal aflora nos chamados perfis da imprensa.

Para que o cotidiano se presentifique é preciso romper com as rotinas industriais da produção da notícia. É preciso superar a superficialidade das situações sociais e o predomínio dos protagonistas oficiais. Há uma demanda reprimida pela democratização das vozes que se fazem representar na mídia. Torna-se necessário mergulhar no protagonismo anônimo. Da objetividade esquemática e burocrática de uma notícia à complexa e surpreendente subjetividade dos que vivem aqueles acontecimentos. Da fragmentação das ações humanas à sua contextualização na rede de forças que lhe é subjacente. Do aleatório de um momento avulso à trama de tempos que afloram no presente. Da hegemonia dos fatores econômicos que determinam o raciocínio de causa e efeito, à sutileza das intercausalidades. E, acima de tudo, a força das identidades culturais na produção simbólica. De fato, não são as abstrações conceituais que presentificam o cotidiano e sim, experiências vivas que se tecem na cultura. Só o cotidiano particularizado em estratégias locais oferece elementos para a narrativa criativa dos acontecimentos. Aí sobrevivem os anti-heróicos sem grandiloqüência.

Os relatos de atualidade – ou jornalísticos – acusam, portanto, um déficit de criatividade que constitui o desafio da pesquisa nessa área. E não são as empresas que vão dar conta dessa demanda, porque elas são quase sempre reforçadoras da tradição, que tem por lastro o cientificismo. Um beco sem saída? Não parece: há sinais ou pontos luminosos no horizonte. Primeiro porque autores sensíveis, aqui e ali, se revoltam contra esses estrangulamentos. Em livros-reportagem ou em matérias veiculadas nos meios tradicionais surgem trabalhos que tocam de perto a saga anônima; depois, algumas universidades procuram sua identidade profunda, pesquisam e propõem transformações (afinal, os cursos universitários de Jornalismo acumulam uma história de mais de cinqüenta anos); em terceiro lugar, a crise de paradigmas que abala a ciência e as técnicas estabelecidas (inclusive as que instruem a comunicação social) a todos contamina. Nos diferentes esforços de desmontagem das mentalidades conservadoras impõe-se a interdisciplinaridade, que, por sua vez, avança para a trans e pós-disciplinaridade.

Preocupados com o significado político (cidadania) e existencial (qualidade de vida) da presentificação do cotidiano na narrativa ética, técnica e esteticamente transformadora, pesquisadores, professores, estudantes e profissionais (ainda que poucos) se encontram na transgressão das fórmulas vigentes nos meios de comunicação. Certamente daí resulta uma nova geração de autores que assinam a narrativa da contemporaneidade. Em um futuro próximo, constituirão a massa crítica das mudanças. Nesse meio tempo, a pesquisa aqui proposta encontra parcerias inestimáveis e, entre elas, as de educadores e comunicadores. Uns e outros, atingidos pela força mutável do presente e a dura incumbência de alterar a todo momento os mapas por não espelharem eles toda a complexidade dos territórios, podem, na interdisciplinaridade, contribuir para uma resposta original na irrequieta produção dos sentidos de atualidade.

Mas a interdisciplinaridade só acontece no *diálogo possível* que transcende os especialistas. Estes, ciosos de suas competências técnicas e tecnológicas, zelam pelas muralhas disciplinares que a caro custo construíram a partir do século XIX. Os muros disciplinares defendem, acima de tudo, a lógica estabelecida diante das inquietações paralógicas. Mas a realidade é, por natureza, indisciplinada. As regularidades passíveis de controle científico a qualquer momento estão ameaçadas pelo imponderável. Porém os que se ilham nas verdades absolutas, nas metodologias engessadas, no poder centralizador, afastam, a qualquer custo, as interrogações perante os dilemas que desafiam suas estritas muralhas. Nessa inércia difícil de superar, é preciso questionar a relação conservadora entre ciência e sociedade.

Ciência e
sociedade

Há uma distância histórica entre um projeto de divulgação ou difusão das informações produzidas na contemporaneidade e um projeto de comunicação social. No primeiro caso, o vetor informativo sai de acervos, fontes geradoras, centros de decisão que determinam os dados e significados que devem chegar aos receptores. No segundo caso, tanto ocorre uma oferta de informações quanto se expressam demandas coletivas, anônimas ou grupais, descentralizadas dos grandes pólos de geração. Entre as estruturas difusionistas, que pretendem "difundir o conhecimento", e os processos comunicativos, interativos, socialmente relevantes, surgem agentes culturais que se consagraram, nas sociedades democráticas, como comunicadores ou mediadores sociais. Estes não são meros intermediários, mas sim autores com marcas de personalidade, cultura e sociedade.

As conquistas técnicas e tecnológicas da modernidade, basicamente introduzindo novas noções de espaço e de tempo, se caracterizam pelo conflito entre a centralização e a descentralização da principal riqueza do *sapiens* – a informação. Tanto o poder econômico quanto o poder político dependem do poder simbólico, ou seja, a capacidade cultural de criar novos sentidos e de interferir no mundo material, no mundo natural e no mundo humano.

A luta pela cidadania ou a ampla partilha desses poderes a favor das maiorias deserdadas tem relação direta com o acesso à informação. Não simplesmente a informação repassada pelos técnicos e pelos meios tecnológicos, mas aquela processada nas mediações sociais. Nestas, os sentidos e os dados não emanam exclusivamente das elites do conhecimento, num vetor de difusão dirigido às massas ignaras. Para além da *divulgação autorizada* das fontes científicas, os comunicadores captam, nos diferentes segmentos sociais, as necessidades humanas. Assim, produtores-criadores da ciência, da filosofia, da arte, do cotidiano, das sabedorias intuitivas e transcendentes entrelaçam, com protagonismo, os significados da contemporaneidade. Que fenômeno deve dar conta da tessitura dos nexos? A comunicação social.

A concepção que distingue difusão de comunicação social começa a tomar corpo no século XX. O fenômeno mais consagrado que hoje compõe a comunicação social é o jornalismo. E a relação da informação jornalística com o difusionismo, aplicado à extensão dos conhecimentos especializados, é tão forte na modernidade quanto a divulgação das notícias de conteúdo geral. As técnicas que constituem o saber jornalístico, a partir do século XVI, propiciam a concentração informativa e impulsionam as linguagens que objetivam transmitir dados e sentidos de legibilidade universal. Forma-se uma gramática de divulgação que tende cada vez mais para fórmulas discursivas. Se, por um lado, cresce o *corpus* de conhecimento do Jornalismo enquanto disciplina, por outro lado, constituem-se técnicas rígidas, sob a alegação de equacionar a notícia com a garantia da imparcialidade ou da objetividade.

Curioso que o percurso do século XVI ao XIX no âmbito do discurso de atualidade (jornalismo) não diverge do percurso dos discursos científicos em duas esferas: primeiro, à medida que a ciência se estruturava em disciplinas especializadas, exigia do jornalismo um projeto de difusão dos conhecimentos que, para o leigo, eram cifrados; segundo, a ciência, que nessa especialização, cada vez mais se distanciava do senso comum e demandava, portanto, um discurso que rearticulasse ciência e sociedade. Por sua vez, primeiro, o jornalismo se institucionalizava como fenômeno na complexidade da sociedade urbana e industrial, caminhando a passos largos para a própria cientificidade como disciplina especializada; segundo, ao se consagrar como disciplina científica (na bibliografia do fim do século XIX e primeira metade do XX) vai perdendo a linguagem de aproximação e divulgação universal para se fragmentar em áreas temáticas especializadas – jornalismo científico, econômico, esportivo, político, cultural, feminino etc.

A ARTE DE TECER O PRESENTE

97

Com os avanços tecnológicos do século XX, acentuam-se as contradições do difusionismo e da geopolítica da divulgação. Aparentemente estariam solucionados os problemas de tempo e espaço pela velocidade dos meios impressos, audiovisuais e as infovias planetárias. As linguagens técnicas também cumpririam as metas tradicionais – uma tradução acessível dos conteúdos mais cifrados de determinado tema como a reforma da Constituição ou a biodiversidade na Amazônia. A compreensão da pluralidade de tempos no fim do século e as promessas irrestritas da aproximação espacial anunciam a interatividade dos novos infoviários. No entanto, a cidadania contemporânea exibe um grande déficit de informação. Se assim não fosse, o horizonte de incluídos nas decisões históricas não superaria tão escandalosamente o dos que majoritariamente, no planeta, vivem em estado de desinformação.

A noção de comunicação social requer, portanto, contribuições muito mais profundas no âmbito da visão de mundo do que dos paradigmas cientificistas e fragmentários ou das ideologias tecnicistas e tecnológicas. Um projeto dessa natureza vai buscar interrogantes além dos equipamentos informáticos, aprende com a crise contemporânea os impasses do conhecimento especializado e objetivista e vai ao encontro de uma concepção comunicativa, processual, conflitiva, dos sujeitos humanos. Os diversos campos que foram compondo a comunicação social, sobretudo na segunda metade do século XX, encontram-se hoje mergulhados na pesquisa de um outro signo, que não o da divulgação pura e simples. As mediações sociais intersujeitos demandam o signo dialógico, criação bem mais complexa do que o signo de tradução das informações de um sujeito emissor "sábio" para um objeto receptor massificado.

O perfil do mediador social que se especializa nas linguagens dialógicas ultrapassou as fronteiras da tradição jornalística. Práticas profissionais que foram se aglutinando nas escolas ou faculdades de comunicação social traziam consigo as gramáticas *disciplinadas* do final do século XIX ao século passado – Jornalismo, Publicidade e Propaganda, Relações Públicas, Editoração, Biblioteconomia e Documentação. Ao se unirem em torno da informação (*lato sensu* e informação de atualidade), os discursos da comunicação social enfrentaram ora definições curriculares em torno dos meios de que se valem para as mediações sociais, ora em torno das definições inerentes aos processos simbólicos que os caracterizam. Conflitos entre informar, persuadir, educar e divertir têm pontilhado as regulações jurídicas e disciplinares das carreiras de comunicação social. No entanto, as sociedades contemporâneas exigem cada vez mais um agente cultural sensível e capacitado para mediar grupos, comunidades e indivíduos numa rede comunicacional. Nesta rede ou malha de equipamentos e recursos humanos, passam conteúdos complexos em que o atendimento à cidadania pressupõe pesquisa e inovação.

Os sociólogos reforçam essa necessidade da comunicação social no complicado contexto contemporâneo. Talvez quem tenha sublinhado com mais ênfase essa demanda seja o pensador alemão Jürgen Habermas[27] na sua Teoria da Ação Comunicativa. Para ele, a cidadania e a transformação histórica só acontecem nas situações sociais em que os comunicadores favorecem a negociação dos argumentos. Já o sociólogo português Boaventura de Souza Santos[28], em sua reflexão epistemológica acerca da pós-modernidade, transpõe para a ciência a responsabilidade de dar um novo passo em direção à ação comunicativa. Se na era moderna as disciplinas científicas desqualificaram o senso comum, no alvorecer de um novo tempo, em face das necessidades humanas contemporâneas, está na hora de reconciliar os discursos fragmentalistas da ciência com as sabedorias locais.

Nenhum recurso da inteligência artificial substitui o desafio que se impõe perante a inteligência natural. Fórmulas mecanicistas não respondem à demanda criativa da comunicação social. O diálogo entre sujeitos, quase sempre assimétricos, com meios eficientes favorecidos pela tecnologia contemporânea, parte de práticas profissionais que amadureceram suas gramáticas acadêmicas, mas, acima de tudo, provoca a sensibilidade criativa do contato e do jogo de relações que comunga os mistérios com a arte. Octávio Paz dizia que só a poesia é capaz do ato de comunhão entre os sujeitos. Se o comunicador social não invocar a poética, estará persistindo nos equívocos do signo da divulgação, unidirecional, autoritário. Nenhum projeto de comunicação que se pretenda inovador, digno das expectativas da transformação social, pode se eximir da condição de uma oficina experimental. O eixo de tal prática consiste na linguagem dialógica e na criação de narrativas democráticas a serviço da cidadania. Já o

---

27. HABERMAS, J. *Teoria de la acción comunicativa 1 e 2*, Madri, Taurus, 1989.
28. SANTOS, Boaventura de Souza. *Introdução a uma ciência pós-moderna*, Rio de Janeiro, Graal, 1989.

eixo tradicional da difusão se caracteriza pelos discursos dirigidos, um vetor que sai das estruturas de poder para consciências supostamente manipuláveis, concebendo o processo como um mecanismo de causa e efeito, sujeito-objeto. Bem de acordo com o paradigma científico moderno, ainda vigente, mas em crise irrecuperável.

Quando se fala aqui em projeto, é bom que se saliente que seu epicentro tem como cenário um grande contexto sociocultural – o da crise de paradigmas, de comportamentos sociais e valores humanos. Os desvios da centralização informativa e do monopólio das verdades não aparecem, explicitamente, nos manuais técnicos. Vende-se ao público a fidelidade, mas a insensibilidade perante o outro legitima a fonte emissora que se fecha na excelência da informação, da persuasão, da educação e do lazer. No fundo, todos se sentem inseguros e insatisfeitos. Nos estudos que avaliam a qualidade de vida dos jornalistas, por exemplo, os profissionais testemunham o ceticismo quanto à eficiência da comunicação social. Muitos jovens egressos da universidade, idealistas à partida, cedo denotam sintomas de infelicidade com a profissão.

Quase sempre quem sente a maior frustração é repórter, elo da cadeia produtiva que menos poder detém, mas está em contato com o mundo vivo e vivido. Ele percebe demandas na rua, no cotidiano, nos depoimentos do sujeito anônimo que, se não fossem sufocadas ou desqualificadas, dariam outro ritmo aos novos projetos de comunicação social. Mas, ao chegar da rua nas redações, esbarra com editores que, em grande parte, não estão disponíveis para "a alma encantadora das ruas", que João do Rio[29] consagrou.

Pena que os jornalistas esqueçam a força da poesia. Os artistas, por sua rebeldia e por sua sutileza, oxigenam constantemente a arrogância dos que já sabem ou dos que acham que, com técnicas e metodologia rigorosa, tudo podem explicar. Assim, na obsessão do alimento poético, revisito momentos luminosos de Carlos Drummond de Andrade.

---

29. Rio, João do (organização de Raúl Antelo). *A alma encantadora das ruas*, São Paulo, Companhia das Letras, 1997.

A visita
dos afetos

Inverno ou verão, raras são as visitas na cidade grande. Só o impulso dos afetos leva ao encontro, no labirinto dos compromissos profissionais ou familiares. A casa de José Mindlin lá está à espera da visita: apesar do movimento intenso, há sempre uma atenção acolhedora dos que recebem à porta visitantes de várias partes do mundo (que estão de passagem) ou amigos da terra. Chega-se ao abraço da Guita que logo se prontifica a chamar o José na biblioteca. Onde estaria ele, às 9 horas de uma manhã de maio, senão no refúgio dos livros? Em poucos minutos aparece, atravessando o jardim que separa o prédio do acervo da casa principal. Sobe os degraus com agilidade; aproxima-se sorridente da sala de visitas e de imediato se torna cúmplice de um texto em memória e paixão pelo centenário de Carlos Drummond de Andrade.

Prefere a mesa de jantar para o trabalho. Aí se espalham livros, recortes de jornal, em seguida chegarão as cartas do poeta, as dedicatórias. As mãos querem tocar no livro e, inquieto, busca os óculos, que já estavam ali antes de chegar à sala, para ler o que escreveu sobre o Drummond, não lembra mais com precisão, na página 94 de *Uma vida entre livros, reencontros com o tempo*[30]. Nota-se o natural can-

---

30. Essa edição, lançada pela Edusp/Companhia da Letras em 1997, ainda emociona José Mindlin.

A ARTE DE TECER O PRESENTE 101

saço da visão, apesar do vigor aos 87 anos. Mindlin brinca com a contingência – os olhos não dão mais conta da fome de leitura. Lembra então a história do condenado a prisão perpétua que recebe o velho amigo na cadeia e comenta com misericórdia: meu Deus, você preso aqui a vida inteira... Não, companheiro, só de hoje em diante.

Afetuosamente, aceita que lhe leia os textos e ouve com atenção as páginas de sua autoria em que narra o laço que se amarrou entre ele e Drummond. Ainda que tenha sido tardio, já nos anos de 1970, o convívio foi cada vez mais reforçando uma amizade madura, daquelas que conjugam o diálogo cotidiano e o respeito ao mistério de cada um. O poeta sabia modular este percurso entre a superficialidade dos encontros e a entrega de confiança aos amigos – assinava *Carlos Drummond de Andrade* no comum da correspondência e passava a assinar *Drummond* quando alguém conquistava seu afeto. Foi assim com José Mindlin. *Nosso relacionamento foi uma das boas coisas que me aconteceram na vida*, escreve, e se delicia agora com a verdade que registrou no livro. *Lembro-me de ter dito, numa das homenagens que lhe foram prestadas quando completou oitenta anos, cercado de velhos amigos, como Pedro Nava, Afonso Arinos, Abgar Renault, Cyro dos Anjos, e muitos outros, que eu me sentia como quem chegou a um banquete já na hora da sobremesa... Mas assim mesmo valeu a pena. Creio poder dizer que fomos muito amigos, mesmo não sendo íntimos.* (Pede licença delicadamente para interromper a leitura e observa, com ar grave: essa intimidade total aconteceu na visita que fez a Drummond, logo depois da perda de Maria Julieta, a filha amada. José Mindlin estava fora do Brasil uns dias antes, quando ela morreu, e tão logo voltou, correu para o Rio de Janeiro, queria estar junto dele na dor. Ficaram conversando horas a fio, mergulharam nos abismos da alma humana, selaram o pacto definitivo das confissões. Em seguida, Drummond foi para o hospital, deixou este mundo no dia 17 de agosto de 1987, ficou para a eternidade a sua poesia.)

Na pré-história da amizade, há vestígios que surpreendem o próprio Mindlin, quando se sai da mesa de jantar para a mesa da biblioteca e Elisa Nazarian, a mestre-de-cerimônias desse significativo espaço, autora de um projeto de biblioteconomia também admirável – Mindlin faz questão de a enaltecer com largos gestos de reconhecimento –, traz as pastas, testemunho histórico do elo entre o poeta e o bibliófilo. Ali está a primeira correspondência de 1937. Não se lembrava do remoto registro, tinha quase certeza de que o começo remontava aos anos de 1970. Que seria? Os olhos brilham com a curiosidade de uma criança: vamos ver o que é isso, não tenho a mínima lembrança desse episódio. Lê-se que o envelope vem timbrado do Ministério de Educação e da chefia de gabinete. Drummond, chefe de gabinete do então ministro Gustavo Capanema, agradece o oferecimento de dois volumes de *O destino de uma herança*, de autoria do advogado Antônio Augusto Covelo. Mindlin logo observa: é verdade, trabalhava com ele nos seus tempos de advocacia.

O segundo momento vem em 1975. Mindlin, já como empresário, patrocionou, pela Metal Leve, a reedição de *A revista*. Começa então um ciclo de correspondência que vem até à morte de Drummond. Depois de uma troca de cartas cerimoniosa em que se tratavam com todas as doutorias de praxe, o poeta escreveu, no primeiro exemplar, uns versos que deleitaram o editor:

A Revista dormia em seu jazigo pobre,
eis chega José Mindlin, e vara de condão em punho
ressuscita-a e para nós descobre
em seu rosto fanado imprevisto clarão.

A nova etapa de convívio vai ter como cenário a biblioteca de Plínio Doyle[31], no Rio de Janeiro. Outro consagrado bibliófilo como José Mindlin, recebia visitas dos intelectuais que, como ele, reverenciavam o livro. Nos sabadoyles, registrados em atas, Mindlin começou a encontrar Drummond com regularidade. Nesses inesquecíveis sábados, porém, prevalecia o culto ao poeta-mito. Mindlin avalia agora com a perspectiva do tempo: *eu olhava pra ele de baixo para cima, era pra mim uma figura superior.* A grande inflexão da pré-história para a história da sólida amizade será marcada, ainda uma vez, pela metáfora da visita. *Foi num dos sabadoyles que eu disse ao Drummond que queria fazer uma edição de arte de um texto dele, mas que fosse inédito, e ele respondeu: "Olha, obrigado pela idéia, só que, de imediato, não tenho nada expressivo. Mas estou trabalhando em um poema sobre um episódio que me impressionou a vida inteira. Se conseguir terminar, mando para o senhor".* Não precisa do prosseguimento da leitura, tem na ponta da língua a resposta do poeta três meses depois: *Promessa*

---

31. Plínio Doyle morreu em 26 de novembro de 2000.

cumprida. Aí vai o texto. A visita de Mário de Andrade a Alphonsus de Guimaraens, em 1919, numa metamorfose poética de Drummond, selaria o encontro pleno de dois amigos.

Drummond e Mindlin negociaram seis meses para que o poema se tornasse um livro de arte em 1977. Faz-se uma pausa para saborear detalhes das cartas trocadas. Imagine-se o poeta, engajado até mesmo na escolha da família tipográfica. Depois de estudos recorrentes, a decisão: *Prefiro o Bodoni.* Mindlin, sempre cercado de amantes do livro, seja na expressão lingüística seja na expressão visual ou no próprio objeto de arte, teve dores de cabeça consideráveis com essa etapa da relação. Isso porque Drummond participou de todos os passos da edição.

> *A ilustração* [por exemplo] *deu trabalho: ele pensou em desenhos de um jovem artista do Rio, que não cheguei a ver, porque não queria correr o risco de não gostar e criar uma situação constrangedora. Barroco não tinha nada a ver com o texto, e eu tinha pensado em fotos antigas, ou uma fotografia onírica. Chegamos a convidar Renina Katz, mas ela, embora gostando muito da idéia de ilustrar um livro de Drummond, achou que seu trabalho não combinava em absoluto com o texto. Escreveu ao Drummond explicando isso, e me mostrou a carta, que teve uma conseqüência engraçada. Nessa carta, ela tratava o Drummond de "você", e eu, vendo isso, propus a ele que nós também eliminássemos o tratamento cerimonioso, o que ele aceitou prontamente. Mas voltemos à ilustração. Guita e eu convidamos então a grande fotógrafa Maureen Bisilliat, muito nossa amiga, para ir conosco a Ouro Preto e Mariana, em busca de inspiração. E foi lá que Maureen apanhou umas pedrinhas na rua, e disse: "Afinal, a pedra é a essência de Minas. Por que não fazemos macrofotografias destas pedras?". Fez a experiência, que deu certo, e a solução foi adotada. Só a capa e uma ilustração (repetição da capa) foram figurativas – a cabeça de mulher em mármore, dando a possível idéia de beleza feminina de Alphonsus de Guimaraens. Mas as outras, mesmo abstratas, combinaram surpreendentemente bem com o texto.*

Os arquivos guardam revelações e deslumbramentos nessa visita a José Mindlin, em maio de 2002, para celebrar o centenário do poeta. Descobre-se que o editor e o poeta chegaram a *negociar* a arte poética. Versos de linha larga não se adequavam à diagramação. Pode-se conceber hoje tal conflito? O autor reagiu, engoliu em seco a irritação. Que atrevimento. Mindlin argumentava, o livro vai ser oblongo. Drummond, de pronto, não gosto. Mindlin, pacientemente, veja, a linha longa do verso não cabe, é preciso quebrar. Drummond, teimoso, não gosto de quebrar linha. Lá está, nas pastas da biblioteca, a carta de 14 de setembro de 1977 que atesta a humilde serenidade do criador, após ter digerido o incômodo:

Meu caro Mindlin,

Bom dia.

Depois de meditar sobre o probleminha gráfico, resolvi cindir em dois aquele verso quilométrico da parte III de "A Visita". Ficou assim:

(Menti para ele, Deus!

E a minha Gota de Sangue em Cada Poema?)

Você notará que retirei o possessivo de exclamação a Deus. Acho que o Mário gostaria de abrir mão da propriedade exclusiva de Deus, para devolvê-la à universalidade. E como cortar palavras ainda é a maneira de escrever, cassei o *meu*.

Na parte VI, fiz igualmente uma pequena modificação. Onde estava com demasia de verbos e lerdeza de tempo:

Vai começar a nascer outra visita,

Acelerei para:

Começa a nascer outra visita,

Outra coisa. A nota final, explicativa da minha liberdade em utilizar versos alheios, continha uma impropriedade. O livro "Itinerário" não é de autoria de Alphonsus de Guimaraens, que o organizou basicamente com as cartas recebidas de Mário e Bandeira, enriquecendo o texto com introdução e notas, estas, sim, de sua autoria. Então, a minha nota fica mais correta nestes termos:

No corpo deste poema,

foram utilizados

versos, fragmentos de versos

e informações

encontráveis nos livros

Obra Completa,

De Alphonsus de Guimaraens;

Poesias Completas,

De Mário de Andrade,

e

Itinerários –
– Cartas a Alphonsus de Guimarens Filho.

E é só, desta vez, com meu agradecimento renovado pelo seu zelo, perícia e carinho postos na execução do projeto. O abraço amigo do seu

Carlos Drummond de Andrade

P.S. Gostaria de ver as provas finais, de página. É possível? CA

A visita de Mário de Andrade a Alphonsus de Guimaraens em 1919, por algum motivo misterioso, fez Drummond sair de seu apartamento na rua Conselheiro Lafayette para a viagem poética. *A visita*, nas mãos de José Mindlin, sua filha Diana, Maureen Bisilliat, Antônio Marcos da Silva, saiu com arte e esmero em 125 exemplares que logo se esgotaram. No natal de 1979, o Banco de Boston patrocinou uma edição fac-similar, hoje também esgotada. O poema faz parte de outra obra, *A paixão medida*, mas o condão das visitas espalha magia – em 1996, por exemplo, a italiana Luciana Stegagno Picchio preparou uma edição, com sua introdução e uma revisitação aos três poetas. A *Visita* segundo Alphonsus, a *Visita* segundo Mário de Andrade, a *Visita* a Drummond segundo José Mindlin e *A visita* original (Milão, Libri Scheiwiller). Também dos inúmeros encadernadores que fazem a peregrinação à casa do Brooklin, há vestígios dos que não resistem ao encantamento da primeira edição. Assim aconteceu com a encadernadora francesa Godelive de Saint Cyr que revisitou *A visita* com seu toque artístico. A dedicatória de Drummond ao editor assinala, a 17 de dezembro de 1977, a inflexão definitiva da amizade:

A José E. Mindlin
que, com sensibilidade artística de esteta e devoção à poesia, idealizou, projetou e executou o corpo gráfico – perfeito – deste livro.
O abraço agradecido, contente e afetuoso

Carlos Drummond de Andrade

No acervo de Mindlin sucedem-se então dedicatórias, cartas e tantas outras marcas de afeto que dariam muitos metatextos. Ele se perde e se acha na memória viva que está ali na biblioteca ou nos demais espaços da casa. A vontade que tem é mexer e mexer nas prateleiras e não sabe se vai aos poemas ou às cartas. Ó, maravilha, *A paixão medida*. Veja a dedicatória.

> *Com afetuoso abraço ao meu amigo José Mindlin:*
> *Uma paixão só pode ser medida*
> *pelo fogo que a envolve, pelo gozo*
> *que despetela sobre a nossa vida*
> *e pelo fim, amargo e silencioso.*
>
> *Carlos Drummond de Andrade*
> *Rio, 28.6.1981*

Um ano antes, mais precisamente abril de 1980, o primeiro livro publicado de Drummond completava meio século. Conversei com José Mindlin, no fim de 1979, em uma exposição no Museu de Arte de São Paulo, a respeito da data de aniversário de *Alguma poesia*. Comentamos sua negativa radical a entrevistas (na época, editora de artes e cultura de *O Estado de S. Paulo*, eu não podia deixar passar a oportunidade. Precisava visitar o poeta). Mindlin ficou excitado com a missão impossível – o silêncio de Drummond era barreira intransponível para jornalistas, mas me prometeu intervir. Até hoje desconheço quais os argumentos que levaram o poeta a marcar o encontro. O fato é que no último sábado de março estava na sala de visitas, num estado de tensão que só iria aliviar na terça-feira de manhã cedo, 1º de abril de 1980, quando abri o jornal e lá estava a página impressa e o título de seis colunas – "Cinqüenta anos de poesia brasileira nas veias de Drummond". (Os telegramas que chegaram naquele dia marcaram para sempre esse trabalho, mas nada se compara ao cartão do poeta que chegou logo em seguida à publicação.)

Naquele sábado, saímos cedinho de Congonhas, Mindlin, Diana, sua filha, e eu. A ponte aérea e o táxi para Copacabana demoraram uma eternidade, devíamos chegar às dez horas na casa do poeta. Receber de manhã já era uma violentação do turno sagrado da escrita (conhecia este hábito e Mindlin o reafirmara: o trabalho, para Drummond, era matutino e ele se fechava para o mundo no pequeno escritório do apartamento). De repente, lá estávamos na sala de visitas, dez horas em ponto, Dolores, a esposa, absoluta discrição,

Drummond, receptivo com a estranha, familiar com os amigos Mindlin e Diana. Como trabalhar nesse clima de cotidiano: uma visita de fala à toa, o tempo (calor danado de Rio de Janeiro), a viagem (não havia muito o que render, ponte aérea sem teto fechado em São Paulo, vôo normal...), a disposição à vontade no sofá e nas cadeiras da sala de estar. Drummond, com delicadeza, acomodou Mindlin e Diana junto a Dolores à direita na sala e me puxou para a esquerda, cadeiras lado a lado. Ele próprio deu o sinal que estava ali para me atender. Afinal, o que vinha fazer? (Entrevista, não faço, é contra os meus princípios...) Levava um gravador na bolsa, se por acaso o poeta o exigisse. Perguntei como quem não espera resposta positiva: queria gravar a nossa conversa, fazia questão? Disse que não, tinha certa ojeriza à maquininha. Gancho perfeito: eu quase nunca trabalho com essa muleta. Começa, para valer, a visita a Carlos Drummond de Andrade.

Manifestei meu desejo de não estar invadindo a privacidade. Ele logo atalhou, corre por aí esse mito de que sou arredio, não dou entrevistas, fujo de solenidades e vida social. É verdade que não gosto disso... Qual seria o motivo? Talvez porque fui durante muito tempo funcionário público e era obrigado, por compromissos profissionais, a ter constante contato com muita gente. E como era terceiro escalão, sabe como é, as pessoas vêm sempre ou pedir alguma coisa ou criar uma situação para pedir alguma coisa logo em seguida. Quase sempre nem sabem muito bem o que estão pedindo, nem é nada importante, porque, se não, iriam pedir a alguém com poder de decisão, não a um funcionário de terceiro escalão, um chefe de gabinete. Depois, ainda precisava representar o gabinete em certas solenidades, onde nunca me sentia à vontade. Foi aí que peguei essa aversão a locais públicos. Mas gosto muito de conversar, principalmente com gente jovem, que tem alguma coisa nova a dizer. Os velhos, encontro sempre e já sei o que vão falar...

Timidez, respostas esquivas, a fama de que fugia do olho no olho caem por terra nos primeiros minutos da visita. Um Drummond bem-humorado, ginasta das palavras, ainda que as articulasse com economia oral de sílabas, movia os olhos azuis como um radar pela sala, sempre pronto para uma tirada, uma delicada ironia. Seria o humor do ancestral clã medieval dos Drummond? (Mindlin conta em seu livro que quis averiguar a origem, quando descobriu o parentesco em Earl of Perth, na Escócia, mas Drummond rejeitou a pesquisa genealógica, preferiu chegar até os avós, já que tinha descoberto os do clã do Bem e os do clã do Mal. Ao que tudo indica, ele vinha dos maus...) A rigor, logo à partida, se pronunciou na poesia:

Quando nasci, um anjo torto
desses que vivem na sombra
disse: Vai, Carlos! ser gauche na vida.

Afinal, a visita aos 77 anos estava regida pelos cinqüenta da poética inaugural. A conversa teria esse rumo, justamente porque voltar ao primeiro livro de Drummond era pressentir o grande itinerário que o Brasil e o mundo conhecem. Uma primeira questão intrigante – por que o título *Alguma poesia*. Se não lembrasse, passadas cinco décadas, não tinha importância. Se faz tanta pergunta besta. Mas Drummond não negou fogo: um título maroto. Usei da ambigüidade desse *alguma*. Tanto pode ser a modéstia, alguma entre muitas, ou orgulho, uma certa poesia. De saída o título do livro foi motivo de críticas e chegou a ponto de Medeiros de Albuquerque dizer que melhor seria se intitulasse – "Nenhuma poesia em alguma tipografia". No dia 25 de abril de 1930, o primeiro livro de Drummond, impresso pelo escritor Eduardo Frieiro nas oficinas do jornal *Minas Gerais* (órgão oficial do Estado), marcava uma poesia ímpar e incompreendida à época. Não faz mal, pagou a edição do seu bolso, com descontos em folha de pagamento do jornal, e que saiu sob a marca editorial fictícia Edições Pindorama.

A consciência da ousadia e dos riscos a guardou na memória, e naquela manhã de sábado, em Copacabana, brincou com o legado do anjo torto: esse primeiro poema, por exemplo, não obedeceu a nenhum projeto. É o que se pode chamar poema-colagem. Tinha vários versos soltos e decidi juntar em um poema. Por que enveredei, de imediato, por um caminho antiacadêmico, usando palavras mais concretas, usando de humor? Você me pergunta isso, mas não tenho resposta clara, porque não se tratava de opção, mas de meu jeito de ser. Lembro até uma frase que uma faxineira disse para outra empregada da casa, que era meio metida a certas erudições: "Tu é o que tu é". Eu sou o que eu sou, sou mineiro, e mineiro é, em geral, reticente, oblíquo. Considero Machado o maior escritor brasileiro e dele extraio a lição de não fazer o discurso direto iluminado por todos os lados. Acho que

A ARTE DE TECER O PRESENTE

partilho de certa prevenção contra as verdades absolutas. Lembro também de uma história do Fernando Sabino: um sujeito, mineiro, é claro, vendia café e chegou um comprador que lhe fez a pergunta frontal – seu café é bom? – ao que respondeu: olha, nunca ninguém se queixou. Meu apego às coisas concretas, aos fatos simples da vida, talvez venha também de meu pai que era fazendeiro e me ensinou a encarar a vida frente a frente, ir direto ao fato. Uns acham, eu sei, que isso é apelar para a vulgaridade, a banalidade. Houve até campanhas contra a minha poesia, chamando-a de apoética. Acontece que nessa época, antes da formação dos cursos de Letras no Brasil, os "críticos" eram professores de português, promotores e outros bacharéis que só conheciam Eça de Queiroz, José de Alencar, Machado (mal lido) e Olavo Bilac – desconheciam também os poemas diferentes de Bilac, em que concordava poeticamente singular com plural...

No calor do fim da manhã, início da tarde, Drummond aumentava o ritmo das histórias, das tiradas de humor. Chegava mesmo a dar a mão à palmatória – seria o santo (o clã do Mal) dos escoceses que lhe estava grudado à pele. E os críticos das outras tribos queriam depreciar essa força. Diziam que atrofiava o lirismo: é, já disseram que o lirismo em mim está sufocado pelo *humour*, que, para mim, é uma visão profunda da vida. Então como esse traço é mais acentuado em mim, é natural que o lirismo fique um pouco sufocado. Mas há nos meus versos muitas contradições, o homem não é um ser uno. Assim como um religioso pode virar mundano, um comunista pode entrar num convento. Acho que o poeta deve partir de uma base concreta de realidade, mas já escrevi também que não se façam versos sobre acontecimentos.

De qualquer maneira, com ou sem querelas críticas, Carlos Drummond de Andrade – do primeiro ao último livro – será eternamente associado à poesia do cotidiano.

> *Casas entre bananeiras*
> *mulheres entre laranjeiras*
> *pomar amor cantar.*
> *Um homem vai devagar.*
> *Um cachorro vai devagar.*
> *Um burro vai devagar.*
> *Devagar... as janelas olham.*
> *Eta vida besta, meu Deus.*

Na sábia serenidade dos 77 anos, ele avaliava que a poesia brasileira, nos anos 1930, quando ergueu suas fundações, andava de paletó e gravata, sonhava com reminiscências gregas; apesar do espírito nacionalista, estava intoxicada de cultura francesa. Drummond lembrou Mário de Andrade, que redescobriu o Brasil, e ele, o seu cantinho. Custei a sentir o Brasil como alguma coisa ligada a meu sangue. Acho que em *Alguma poesia* ainda não estava totalmente desintoxicado do vírus da cultura francesa.

Quando a tarde já começa a esquentar na sala de visitas, naquele sábado de 1980, o arguto observador do mundo e do Brasil se desloca com facilidade para os assuntos políticos, metafísicos e existenciais. Incrível que aparecem, emergentes, no primeiro livro, e a troca de impressões entre a leitora e o poeta serve de guia para espantos, reticências, perguntas que levam a afundamentos e lá ficam nos silêncios do diálogo respeitoso. Não há recusa aos desafios, sobretudo no que tange à criação. Sua poesia é porque é, mas pensa na criação em voz alta perante a visita ali instalada há mais de três horas: uma das dificuldades do verso livre é que não se sabe quando acaba. O poema é arbitrário na sua composição, é difícil fazê-lo em um tempo determinado. Mas para além das dúvidas, expressa uma noção clara da criação artística: um compromisso entre a razão e a loucura, entre a razão e o sonho.

Em 2002, José Mindlin com dez anos a mais do que o Drummond de nossa visita em 1980, prefere guardar as lembranças do amigo nos seus momentos de sonho e de loucura. A conversa no Brooklin Paulista já está acabando e nos debruçamos ainda uma vez na obra dileta do bibliófilo, *A paixão medida*. Nesse título, a síntese poética do que falara Drummond, razão e loucura, ou melhor, a loucura temperada pela razão. Olho o belo exemplar das Edições Alumbramento (1980) e recorro à voz desse centenário Senhor da Poesia Brasileira:

Já não quero dicionários
consultados em vão.
Quero só a palavra
que nunca estará neles
nem se pode inventar.
Que resumiria o mundo
E o substituiria.
Mais sol do que o sol,
dentro da qual vivêssemos
todos em comunhão,
mudos,
saboreando-a.

Da difusão
à relação

A rigor, não são dois mundos à parte – o dos cientistas e o dos poetas. Ambos se caracterizam pelas dúvidas, incertezas, pela necessidade de compreender o universo que a todos contém. A arte se lança ao vôo emancipatório, afunda sem pejo no inconsciente, desfruta da farra criativa como alforria da história presente. A ciência percorre um caminho semelhante de riscos e ousadia, de trabalho disciplinado pelo rigor racional e ensaia conscientizar algumas compreensões possíveis do mundo humano, biológico e natural. Neste âmbito, são tênues as fronteiras entre o conhecimento científico inovador e a intuição artística reveladora.

A comunicação social, responsável pelas narrativas ancoradas na contemporaneidade, atesta a fragilidade dessas fronteiras. Talvez o caso histórico mais marcado por essa identidade em que convivem pesquisa científica e criação artística seja a Escola de Comunicações e Artes da Universidade de São Paulo. Nesse espaço acadêmico a visão técnica do jornalismo, da publicidade, das relações públicas, da editoração de livros, da biblioteconomia se amplia no universo da cultura e da arte (cinema, teatro, música, artes plásticas). O *signo da divulgação* tende a se transformar no *signo da relação*. A tradição técnica da divulgação científica se torna insuficiente em qualquer prática de comunicação social. A interação entre sociedade e ciência expõe a necessidade da reversão dos discursos de informação cientí-

A ARTE DE TECER O PRESENTE

fica, dirigidos das fontes aos públicos, para se construírem novas estratégias e ações comunicativas.

Há um grande laboratório na Universidade de São Paulo, que surge no lastro da implantação da Escola de Comunicações e Artes. Um conjunto de mídias, sob a denominação de Coordenadoria de Comunicação Social, órgão independente da ECA, serve à comunidade interna e externa, aplicando o conhecimento que se desenvolve nessa unidade de ensino e pesquisa. Pode-se afirmar que as mídias da USP estendem à sociedade a visão de comunicação social que se desenvolve na ECA. A experiência em curso não foge à regra de uma universidade que surgiu em 1934 com a marca da pesquisa, da geração de novos conhecimentos, novas atitudes, uma nova identidade acadêmica que se refletem na transformação social.

Trinta anos depois da implantação da Universidade de São Paulo, a Escola de Comunicações e Artes surgiria no momento em que se concebia a comunicação social como área de conhecimento, na década de 1960. O curso de pós-graduação em Ciências da Comunicação precede os demais no Brasil e na América Latina no início dos anos 1970. Se os marcos inaugurais da ECA vêm com a modernidade avançada, para outros analistas já quase a pós ou neomodernidade, alguns dos cursos aí reunidos, como Jornalismo, são mais antigos em outras universidades brasileiras e estrangeiras. O fundamental, porém, é o fato de a nova unidade universitária florescer em meio à identidade uspiana que une pesquisa, ensino e extensão.

Apesar das tentações tecnicistas (com o olhar voltado para as profissões muito solicitadas pelo mercado da indústria cultural ou pelas novas frentes pós-industriais), embora ainda a sedução das novas tecnologias (sobretudo na euforia informática de 1970 para 1980), quem se dedica à pesquisa na ECA tem a grande oportunidade de se lançar nos domínios interdisciplinares (do intimismo da percepção e observação psicológicas aos mistérios da física subatômica, às contradições da matemática paraconsistente, aos estudos de tempo, à história e à biologia), sem abandonar o direito, a ética, e navegando constantemente pelos encantamentos da arte. É desse complexo de saberes e conhecimentos científicos consagrados que se configura um trabalho de conclusão de curso, uma bolsa de iniciação científica, um mestrado, um doutorado, um concurso de livre-docente e de titular. Os profissionais que saem da unidade, em sua maioria, não são simples técnicos que aplicam na sociedade um treinamento profissional. Ao contrário, muitos vão liderar novos comportamentos, criar rupturas com os esquemas viciados, criar outras frentes de trabalho. Verifica-se também a tendência de ex-alunos já bem situados na profissão voltarem à USP para fazer pós-graduação e pesquisar rumos diferentes para as práticas comunicacionais. No interior da própria USP há um espaço pioneiro de criatividade – a Coordenadoria de Comunicação Social (CCS).

Em 1999, mergulhada na pesquisa, no ensino e na extensão, recebi o convite do então reitor, Jacques Marcovitch, para dirigir o conjunto de mídias da USP na CCS. Abriu-se assim a oportunidade para desenvolver o projeto nomeado O Signo da Relação. A proposta, apresentada aos dirigentes da universidade em março de 2000, pretendia o deslocamento da prática unidirecional da divulgação científica para a prática pluridirecional da comunicação coletiva. As mídias – agência de notícias, portal, centro de documentação, rádio, centro de visitantes, jornal, televisão, revistas – compõem um complexo inédito. A prática tradicional das assessorias de imprensa ou gabinetes de relações públicas das reitorias ou faculdades ganhou, na USP, um outro espaço mais abrangente para a comunicação de toda a comunidade (do *campus* da capital e dos *campi* do interior em São Carlos, Pirassununga, Piracicaba, Ribeirão Preto e Bauru), bem como a comunicação entre a universidade e os públicos externos.

A concepção que está em processo se fundamenta na visão que tenho da cultura da Universidade de São Paulo, desde a origem voltada para a inovação. Nesse contexto, a implantação dos cursos de graduação da ECA em 1966 e dos cursos de pós-graduação em 1972 vieram fundamentar, um ano depois, o surgimento da primeira experiência de mídias, a Coordenadoria de Atividades Culturais. Em 1989, outra mutação constitui a atual Coordenadoria de Comunicação Social. Embora o significado da iniciativa se vincule à ECA, as mídias da CCS não são laboratórios de aprendizado técnico dos cursos de Jornalismo, Rádio e Televisão, Cinema, Biblioteconomia e Documentação, Relações Públicas ou Publicidade. Tais laboratórios pedagógicos se situam na unidade de ensino. As mídias da Coordenadoria são dirigidas e operadas por profissionais admitidos por concurso público. Alunos bolsistas da universidade transitam em estágios nas redações, mas acompanhados por profissionais experimentados que respondem pelos fluxos de trabalho – um jornal semanal, informação *on-line*, rádio 24 horas no ar, mídias audiovisuais (TV

USP no Canal Universitário de São Paulo e produção de documentários), revista mensal e revista trimestral. Ao todo, 270 pessoas operam esse sistema complexo, entre funcionários administrativos, gráficos, motoristas, profissionais da comunicação e alunos bolsistas.

O Signo da Relação trouxe para a Coordenadoria no início do século XXI, além de uma nova organização administrativa, uma concepção interativa. Um dos campos de pesquisa que se passou a desenvolver é o que contempla aptidões multimídia por meio da pauta compartilhada e formação de equipes integradas. Em várias oficinas desenvolveu-se a mentalidade do signo da relação no próprio ambiente interno. Como os espaços de trabalho das mídias se espalham no antigo prédio da reitoria na Cidade Universitária, muitas vezes os profissionais sequer se conheciam. Era preciso começar pelo *quintal* da prática cotidiana para depois se lançar ao signo da relação na universidade e desta para o mundo. A concepção limitada da divulgação da ciência – o vetor unidirecional – logo se tornou insuficiente na política de comunicação social e nas ações criadas na Coordenadoria e aceitas pela comunidade.

Para isso muito contribuiu uma área implantada nesse projeto: *marketing* cultural, relações públicas e publicidade. Os profissionais dessa área introduziram campanhas, promoções, *workshops*, festas de confraternização que congregam pessoas muito isoladas pela distância geográfica ou pelos muros das disciplinas científicas ou faculdades. Da mesma forma, as relações entre a universidade e as comunidades externas nem sempre fluem. Cabe aos comunicadores provocar atos interativos tanto no corpo-a-corpo dos eventos sociais quanto na interatividade virtual. *USPonline*, o portal da universidade e o Centro de Visitantes, à entrada da Cidade Universitária, são exemplos de como se processa a mudança da informação dirigida e burocratizada para a dinâmica da comunicação.

Na essência do projeto O Signo da Relação ocorre um embate mais sutil que vai ao encontro da arte de tecer o presente. Como o discurso tradicional da divulgação científica está abalado por questionamentos contemporâneos, torna-se emergente construir uma outra visão das mediações entre ciência e sociedade. Extrapolam-se, assim, os limites das mentalidades dos comunicadores e das relações ou fraturas internas, para o âmbito dos cientistas ou professores, estudantes e funcionários da universidade. Praticamente, faz-se presente um projeto comunitário para se conceber a ação comunicativa. Os

116

profissionais da comunicação têm certa dificuldade para superar o signo da divulgação em que são meros tradutores e difusores da informação científica. As fontes dessa informação também raramente admitem, no comunicador, um sujeito-autor de mediações sociais. No fundo, os entraves da dialogia estão presentes em todas as experiências humanas.

O próprio diálogo da USP com a sociedade se inscreve na crise contemporânea, em que o pesquisador-criador precisa de mediações para se reaproximar dos sujeitos sociais, escutando suas demandas. Na circularidade processual, são necessárias também mediações para dar visibilidade a sua produção e à instituição que a abriga, bem como expor e discutir resultados científicos com as diferentes comunidades e parceiros. As mediações, tais quais as concebem a comunicação social, mobilizam a pesquisa da área e exigem um esforço criativo não contemplado no discurso tradicional da difusão da ciência.

O signo dialógico das mediações sociais envolve a desconstrução do autoritarismo unidirecional – fonte de informação dita científica, *tradutores* e receptor *massificado*. Equívoco generalizado: nem a fonte científica é autocrática, nem o profissional de comunicação é mero tradutor, nem o receptor faz parte de uma massa indistinta. A linguagem atualizada se contextualiza no processo de reciprocidade simbólica. Assim, muitas vezes o vetor se inverte, e uma necessidade localizada e vocalizada pelo protagonista anônimo de determinada situação gera desafios para a ciência. Neste caso, o mediador social como agente cultural recolhe do mundo externo demandas que serão pautas para o pesquisador, o cientista. Essa reaproximação do senso comum, ou antes, dos saberes localizados e cotidianos, oferece um outro vigor à prática dialógica da comunicação social e desafia tanto o profissional da mediação quanto o produtor de ciência a pesquisarem novos sentidos em rede. Não a cifrada e convencional das regras estabelecidas, mas um outro tipo de produção que nasce da humildade criativa da epistemologia pragmática, aquela que avalia as expectativas e conseqüências do conhecimento.

O diálogo entre conhecimento avançado, eticamente transformador, e o senso comum é contemplado pela teoria da ação comunicativa, em Habermas[32], como patamar da real cidadania. Ao chamar

---

32. HABERMAS, J. *Teoria de la acción comunicativa 1 e 2*, Madri, Taurus, 1989.

A ARTE DE TECER O PRESENTE

os comunicadores para essa mediação, como parceiros imprescindíveis, o sociólogo alemão conta basicamente com o código verbal, aquele capaz de pôr em movimento a ação argumentativa. Há aí o perigo de não se avançar na comunicação social e se patinhar na formulação científica em argumentos, e novamente o mediador social ensaiar a tradução para termos simples, de maneira a persuadir o leigo quanto a determinada estratégia transformadora. Esta é a situação típica, em que o comunicador, instrumentalizado pelo especialista, vulgariza os conteúdos liberados pelo poder científico.

Se, numa outra concepção, o diálogo ciência–sociedade passar por codificações que não a estritamente conceitual, é mais provável que a ação comunicativa se desencadeie. Isto exige do comunicador e do cientista um aprendizado dos códigos não conceituais, muito vivos no cotidiano, na arte e nas narrativas míticas. A metáfora, a parábola, ainda que excelências da poética, passam, em sua narrativa, o movimento, o concreto gestual, a cor e o olfato da cena narrada. O mediador da informação jornalística ou de relações públicas ou de campanhas publicitárias precisa dos artistas para impregnar a frase conceitual-esquemática de dramaticidade.

O lugar da cultura, dos protagonistas sociais, bem como o lugar da ciência e de seus interlocutores, mais o lugar da comunicação e de seus mediadores-autores oferece inúmeros estímulos para experimentar as dialogias, estas encaradas como comportamentos, valores, visões de mundo, e não, estritamente, conceitos declarados de uma das partes ou explicações descritivas, julgadas arbitrariamente como *didáticas*. A marca cultural, o protagonismo tanto dos atores sociais anônimos quanto dos cientistas especializados ou dos comunicadores espelha, ao mesmo tempo, identificações universais e o conflito dos diferentes. Assim, a ciência não se dirige a um objeto abstrato, o usuário ou consumidor de um universo conceitual, por meio de um técnico tradutor e intérprete, mas se comunica com sujeitos humanos, portadores de uma biografia. Um constante convite ao encontro e ao desencontro. Daí a importância de o comunicador privilegiar a história de vida, a particularidade humana juntamente com a abstração conceitual. Transitar do conceito sobre o mundo para a experiência do mundo enriquece o ato de comunhão, seja na praça pública, seja na universidade.

No complicado contexto de protagonismo humano, de idéias e de intervenções concretas do conhecimento científico e tecnológico, se entrelaçam pontos de vista. Escrevem-se então artigos em que o discurso se aprofunda na argumentação. Já nas narrativas vivas, imagens, sons ou relatos lingüísticos se remetem à vida cotidiana, ao conhecimento comum, às sabedorias locais e universais. Nas histórias de vida a construção narrativa se vale da intuição no contato humano; na armação de conteúdos conceituais, prevalece a oficina da racionalidade complexa, capaz de costurar nexos. São procedimentos complementares, não-dicotômicos. O casamento do discurso especializado com a vivacidade da aventura humana tece uma narrativa complexa. Especialistas e mediadores-autores são convidados a experimentar este aprofundamento necessário à cidadania.

Uma noção complexa que exige aprendizado na narrativa da contemporaneidade é a da intercausalidade das coisas, substituindo a concepção de que qualquer situação decorre de um único fator causador. Outra noção importante se desenvolve no entendimento (epistemológico) do caos dinâmico, ou seja, ao abordar um fenômeno social aparentemente sem alternativa de equacionamento, convém estar aberto à percepção de que, de repente, da aparência caótica emerge um ato emancipatório, uma auto-regulação não esperada. Quem nos alerta para o caos dinâmico não apenas no mundo humano, mas constado na microfísica, são cientistas como Ilya Prigogine, um dos teóricos do tema, que morreu em maio de 2003. Também a busca das verdades em conflito, tão importante na comunicação social, mobiliza uma razão mais complexa do que a simples busca da verdade, jargão do *marketing* jornalístico.

As múltiplas versões ou significados atribuídos à realidade estão presentes (em guerra simbólica) em um contexto que desafia a compreensão em outro contexto: a contemporaneidade do não-coetâneo. O historiador Nelson Werneck Sodré usava essa expressão, que significa, por exemplo, que, numa cidade como São Paulo, convivem em espaços contíguos culturas de tempos diferentes. Novas operações mentais que foram vocalizadas pela física desde o início do século xx desafiam outros campos de conhecimento e vêm desaguar nas práticas da comunicação social. Por toda parte, demandas coletivas carecem de autores capazes de relacionar as informações, os comportamentos e valores, transformando esse caos indecifrável em um cosmos narrativo que expresse a sinestesia da aventura humana.

Na pesquisa que lhe é precípua, a comunicação social desenvolve o gesto relacionador. Daí as relações internas na comunidade acadêmica e as relações da universidade com as demais comunidades externas constituírem uma necessidade pragmática, não um conceito abstrato. No domínio fronteiriço da comunidade interna, as barreiras são tão grandes quanto for o universo da instituição. É o caso da Universidade de São Paulo, cuja política de comunicação persegue a expansão e a complexidade. O signo da relação gerenciado por uma coordenadoria depende da disponibilidade dos atores (professores, funcionários e estudantes) e das condições de equipamentos e recursos humanos da comunicação. No centro da questão, no entanto, predomina a crise de mentalidades, e não exclusivamente a carência de recursos. Nem os protagonistas acadêmicos podem assumir uma atitude de reserva, desconfiança perante os comunicadores, nem estes podem esperar burocraticamente pelo chamado das fontes científicas ou demais produtores de sentidos na comunidade interna. Sem falar que a USP se alarga no seu território universitário para outros espaços geográficos que não os contíguos do centro paulistano.

As relações da universidade com as comunidades externas exigem, em contrapartida, um projeto efetivamente renovador no sentido comunicacional. Sua legitimidade não está sujeita a campanhas persuasivas de difusão de sua imagem, de sua excelência. Tal proposta seria extemporânea. A Universidade de São Paulo se diferencia desde sua origem e constitui uma marca brasileira indiscutível e inatacável. Os atos relacionadores passam hoje pela visibilidade e pelo esforço crescente para incrementar processos interativos com a sociedade local, regional, nacional e mundial. A instalação da pedra fundamental da USP na Zona Leste de São Paulo, em 22 de março de 2003, é um exemplo precioso da possibilidade interativa. Neste caso, os comunicadores terão uma missão nobre ao exercer *o signo da relação*: quais são as reais demandas de quase quatro milhões de moradores dessa região? Por certo, não se trata da oferta unidirecional da universidade mais importante do país. A Zona Leste – uma área de grandes tensões sociais – tem o que dizer quanto às necessidades acadêmicas. Quem pode articular esta mediação? A comunicação social da própria USP, antes de quaisquer outras mídias.

Perante os dilemas que atravessaram o século XX – da iniciação à cidadania pela alfabetização à plenitude desejada de uma vida digna e com direito ao prazer –, a USP vem perseguindo respostas para a grande utopia humana. À comunicação social gerada nesta instituição cabe espelhar para fora dela a saga diária e de décadas no rumo das pequenas e grandes conquistas.

Retecendo epígrafes

Paralelamente à experiência pragmática da Coordenadoria de Comunicação Social da USP, a pesquisa acadêmica na Escola de Comunicações e Artes vem alicerçando a concepção teórica com que me expresso nas práticas profissionais (seja do mercado, seja de instituições públicas como a universidade).

Ao longo da trajetória do Projeto Plural e a Crise de Paradigmas, da década de 1980 ao fim dos anos 1990, discutiu-se, no âmbito dos saberes especializados e das demais sabedorias, a tríade de possibilidades virtuais que caracterizam a inteligência humana: *racionalidade* disciplinada e complexa, sintonia fina da *sensibilidade* e agilidade para a *ação*. Esta, nutrida pela emoção solidária e a razão complexa, enfrenta com originalidade as realidades adversas, desumanas. O encontro e o desencontro da ciência na sociedade, das conquistas tecnológicas ou biológicas ou dos desastres cometidos nos ambientes da vida planetária alimentam uma narrativa inter, multi e transdisciplinar. A reflexão coletiva ou grupal reconduz os temas científicos não para uma simples tradução dirigida aos leigos, mas para a discussão sobre as conseqüências humanas do conhecimento, da experimentação em laboratório.

As narrativas do saber plural emergem do fértil cruzamento da arte, da ciência, do cotidiano e das fantasias que o transcendem. Talvez retecendo as epígrafes de alguns dos títulos alinhados na série

A ARTE DE TECER O PRESENTE

Novo Pacto da Ciência[33] se possa aferir a busca da narrativa polifônica e polissêmica. Das múltiplas vozes – dos poetas aos pesquisadores – aos múltiplos significados que tanto se engendram no dia-a-dia dos anônimos quanto na abstração conceitual, a ação dos protagonistas do presente se anima nas sobrevivências (o que costumo nomear como o *sevirol* do povo), na saga da ciência ou no sonho mítico.

Os livros que documentam este itinerário da pesquisa levam consigo as digitais da poética. As epígrafes selam o pacto das três energias da inteligência humana – *sentir-pensar-agir*.

"Tecendo a manhã", de João Cabral de Melo Neto, epígrafe do livro *A arte de tecer o presente*, em 1972, antecipou os demais fios narrativos da minha trajetória:

Um galo sozinho não tece uma manhã:
ele precisará sempre de outros galos.
De um que apanhe o grito que ele
e o lance a outro; de um outro galo
que apanhe o grito que um galo antes
e o lance a outros; e de outros galos
que com muitos outros galos se cruzem
os fios de sol de seus gritos de galo,
para que a manhã, desde uma teia tênue,
se vá tecendo, entre todos os galos.

Michel Maffesoli, pensador francês, é o autor da epígrafe do terceiro volume da série Novo Pacto da Ciência, de 1994, intitulado *Saber plural*:

Talvez fosse preciso considerar
que nosso conhecimento do mundo
é uma mistura de rigor e poesia,
de razão e paixão,
lógica e mitologia.

---

33. Publicações da série: MEDINA, Cremilda (org.) *Novo pacto da ciência – a crise dos paradigmas*, 1992; e mais seis livros organizados por Cremilda Medina e Milton Greco: *Do hemisfério sol*, 1993; *Saber plural*, 1994; *Sobre vivências*, 1995; *Planeta inquieto; direito ao século XXI*, 1997 e *Caminhos do saber plural, dez anos de trajetória*, 1999. Os livros se encontram à venda na Escola de Comunicações e Artes da Universidade de São Paulo.

Em *Sobre vivências, no mundo do trabalho*, cria-se o laço entre a razão produtiva e a loucura da alforria (quarto livro da série), inspirado na epígrafe de Edgar Morin:

E como chamamos loucura
à conjunção da ilusão,
descomedimento,
da instabilidade, da incerteza
entre o real e o imaginário,
da confusão entre subjetivo
e objetivo, do erro,
da desordem, somos obrigados
a ver o Homo sapiens
como Homo demens.

A poesia de Mia Couto, de Moçambique, abre o quinto tema do projeto transdisciplinar Novo Pacto da Ciência. Seus versos humanizam a *Agonia do Leviatã, a crise do Estado moderno*:

Companheiros

quero
escrever-me de homens
quero
calçar-me de terra
quero ser
a estrada marinha
que prossegue depois do último caminho

e quando ficar sem mim
não terei escrito
senão por vós
irmãos de um sonho
por vós
que não sereis derrotados

deixo
a paciência
dos rios
a idade dos livros

mas não lego
mapa nem bússola
porque andei sempre
sobre meus pés
e doeu-me
às vezes
viver

hei-de inventar
um verso que vos faça justiça

por ora
basta-me o arco-íris
em que vos sonho
basta-me saber que morreis demasiado
por viverdes de menos
mas que permaneceis sem preço

companheiros

Um dos desafios da experiência contemporânea, o poeta Manoel de Barros sintetizou na epígrafe de *Planeta inquieto; direito ao século XXI*, sexto volume do Projeto Plural:

A ciência pode classificar e nomear os órgãos de um
sabiá
mas não pode medir seus encantos.
A ciência não pode calcular quantos cavalos de força
existem
nos encantos de um sabiá.

Quem acumula muita informação perde o condão de
adivinhar: divinare.

Os sabiás divinam.

Ninguém mais qualificado que um psicanalista como Walter Trinca, pesquisador da Universidade de São Paulo, para projetar os *Caminhos do saber plural*, o sétimo livro da série, nas flutuações do indecifrável:

Saber pensar é
saber caminhar no fundo
dos abismos.
Ou melhor, é acompanhar
as ondas de
flutuações que provêm
dos abismos
insondáveis.

Poética da interpretação

Quando escrevemos, Paulo Roberto Leandro e eu, o livro *A arte de tecer o presente* (1972), a bússola que nos guiava era a racionalidade decifradora. O real imediato se mostra um desafiador emaranhado de fatos; é preciso munir-se de disciplina mental para interpretá-los. Recorremos às teorias então disponíveis que dessem à narrativa de atualidade, basicamente à reportagem jornalística, um suporte consistente para iluminar as situações cifradas de uma sociedade reprimida pela ditadura. A inteligência interpretativa é, acima de tudo, uma razão investigadora, minuciosa, equipada de metodologias objetivistas.

"A distância que existe entre a realidade objetiva e a representação dessa realidade é percorrida pelo esforço de interpretação. Desde Aristóteles a proposição declarativa (dizer alguma coisa de alguma coisa) usa a palavra significante, em outros termos, interpretação." A busca de um método que garanta a representação dos fatos no jornalismo parece orientar esse esforço há trinta anos na direção de uma narrativa do presente minimamente confiável. Três autores são essenciais em um *caldo* teórico que o estudo se permitiu em meio a outras leituras (Paul Ricoeur, por exemplo). Munidos de rigor quanto às garantias ingênuas da interpretação, reunimos Marx, Freud e Nietzsche no rumo das múltiplas significações.

Vale transcrever um fragmento de *A arte de tecer o presente*: "Freud descobre um conjunto de signos, todos revelando interpretações (e não, *a* interpretação) da realidade objetiva: um sonho, um sintoma neurótico, um rito, um mito, uma obra de arte, uma crença são formas múltiplas de interpretar. E a psicanálise entra aí como método de desmistificação e restauração do sentido das coisas".

O sonho cifra o real e o psicanalista trabalha na decifração. A inspiração de Freud dá os novos limites: "A verdade como mentira, essa grande desconfiança que transforma a interpretação em um exercício permanente. Com o estudo dos símbolos, a partir de Freud, se descobre a complexidade da interpretação, essa forma rica de determinar o sentido da realidade objetiva".

O deslocamento para Nietzsche, citado à época para reforçar o método racionalista, se dá no viés da *determinação*. "Toda a interpretação é determinação do sentido de um fenômeno. E o sentido consiste precisamente num conjunto de forças, de ação e reação, primárias e secundárias. (O estruturalismo iria preocupar-se com as relações dessas forças no conjunto estruturado.)" O texto incorpora outra nuance – a diferença entre *opinar* e *interpretar*: "Nas palavras de Nietzsche, *não encontramos jamais o sentido de alguma coisa (fenômeno humano, biológico ou mesmo físico), se não sabemos qual é a força que se apropria da coisa, a explora, que a domina ou se exprime nela*". Enquanto a interpretação procura o sentido das diferentes forças que atuam sobre o fenômeno, a avaliação atribui valores a esse sentido.

De Nietzsche a Marx, um passo: a aproximação do sentido de um fenômeno (atividade interpretativa para o primeiro) nada mais é que o afundamento nas aparências (no método do segundo). Marx, na visão do materialismo dialético, separa essência de aparência do fenômeno e, ao salientar a contradição entre uma e outra, reforça ele também a interpretação.

Estavam, pois, enlaçados os três pensadores: Nietzsche pela determinação do sentido por meio de exame das forças que atuam no fenômeno; Marx pela interpretação da essência cifrada e encoberta pelas aparências; e Freud pela ressignificação dos símbolos. Conjugam-se, então, três alicerces para uma teoria que seria transposta para o jornalismo interpretativo.

A par das especulações históricas das manifestações que denotam uma narrativa mais tensa e densa (*a reportagem*), o campo empírico – imprensa brasileira e internacional – oferecia nas décadas do pós-guerra até os anos 1970 um quadro de tendências que foram agrupadas em *A arte de tecer o presente*: o aprofundamento do contexto (ou das forças que atuam sobre o factual imediato), a humanização do fato jornalístico (tratamento de perfis, histórias de vida ou protagonismo), as raízes históricas do acontecimento atual e os diagnósticos e prognósticos de fontes especializadas. O livro, na verdade uma edição artesanal, com aparência de apostila, impresso na gráfica da Escola de Comunicações e Artes da Universidade de São Paulo, trazia encartes de certa forma sofisticados, reduções de páginas dos grandes jornais brasileiros que ilustravam essas tendências.

Apesar do cenário repressivo, a grande reportagem nacional confrontava com sucesso a censura do regime militar; a autoria experimental do *novo jornalismo* à brasileira se espelhava em *A arte de tecer o presente*. Muitos jornalistas usam no seu jargão atual as categorizações propostas nesse título, que se esgotou no primeiro ano de publicação. Tornou-se banal falar de contextualização, perfil, retrospectivas, entrevistas, enquetes ou mesas-redondas com especialistas.

A matéria interpretativa, porém, seguidamente se confunde com o artigo opinativo. Em compensação, a reportagem passou, ao longo das três últimas décadas, por inúmeras crises. Citava-se no texto de 1972-73 o experimentalismo com que se exploravam as quatro vertentes de interpretação. Raramente se encontrava uma cobertura que aliasse uma robusta contextualização à consistência do tempo histórico, ao desvendamento dos protagonistas anônimos e ao enriquecimento pluralista das fontes especializadas. A utopia da época era propor teoricamente e concretizar na prática profissional a narrativa polifônica e polissêmica não só nos veículos periódicos ou no livro-reportagem, mas também no jornalismo diário.

A linguagem da imprensa brasileira, diga-se, código verbal e códigos não-verbais (fotografia e diagramação), ocupava um espaço importante nesta reflexão. A abordagem fotográfica, campo em que Paulo Roberto Leandro contribuiu particularmente, e a abordagem lingüística ou a diagramação, mais afetas à minha formação e experiência, se completavam na realização de reportagens interpretativas marcadas pela assinatura do autor e seu estilo. Em alguns casos não apenas o estilo do indivíduo profissional, mas também o do jornal em que atuava. O exemplo que logo vem à memória e que está evidente em *A arte de tecer* é o *Jornal da Tarde*, em sua primeira fase.

Se a estética da narrativa chamava a atenção, não se tratava, porém, da forma pela forma. Apareciam também experimentalismos formais vazios de conteúdo, e o álibi era a censura e a repressão.

No entanto, a seleção das peças interpretativas que sensibilizavam os pesquisadores era justamente o que denotava aprofundamento temático. A expansão informativa no espaço social e no tempo histórico quase sempre vinha revestida por um estilo comunicativo e vibrante, o que facilitava a revelação do *real cifrado*.

Anunciava-se então um contraponto com a contemporaneidade norte-americana e a ousadia do *new journalism*, capitaneada por Tom Wolfe. Em 1972, se traduzia, na ECA-USP, seu texto publicado naquele momento na revista *Esquire*. Tratava-se do primeiro manifesto do novo jornalismo nos Estados Unidos. A discussão no curso de Jornalismo recortava, no ensaio de Wolfe, o processo renovador com que os novos jornalistas norte-americanos pretendiam inventariar os comportamentos e protagonistas sociais do fim dos anos 1960. Embora Tom Wolfe insistisse nas técnicas narrativas do grande romance realista da primeira metade do século XX em seu país, *A arte de tecer* se posicionava numa estética aberta, inscrita no contexto social da reportagem e nos falares de seus protagonistas.

A cena viva pode, sim, se inspirar na experiência do romance, tanto nos Estados Unidos quanto no Brasil ou em outro país, mas o desafio para os pesquisadores não se concentrava na experimentação lingüística, fotográfica, gráfica ou sinestésica. A linguagem não se entregava à sedução da forma pela forma, mas às necessidades expressivas da realidade presente e do protagonismo social.

O exercício que se desenvolveu na USP e em oficinas dos anos 1970 em outras universidades brasileiras e latino-americanas perseguia a inovação da reportagem interpretativa. Para o livro, a leitura e apontamentos à margem de cada reportagem selecionada iam do rigor de análise ao prazer da descoberta: afinal, o Brasil criava seu *novo jornalismo*. E, ao que tudo indica, essa antologia tocou os leitores de uma edição há muito esgotada, mas que reaparece aqui e ali em xerox ou citações.

A descoberta de pontos luminosos em um período tão ameaçado pelo medo imposto às *minorias silenciadas*[34] estimulava a resistência cultural. Não é por acaso que, em determinado momento, o diretor da ECA, Manuel Nunes Dias, nos idos de 1973, me convoca

---

34. Título do livro de CANEIRO, Maria Luiza Tucci (org.). *Minorias silenciadas*, São Paulo, Edusp/Fapesp, 2002. No texto "As múltiplas faces da censura", faço um relato da experiência jornalística na ditadura.

A ARTE DE TECER O PRESENTE

para me advertir sobre a acusação proveniente dos "órgãos de segurança" de que ensinava aos alunos *como burlar o sistema através da grande reportagem*. E em relatório de 1975, recuperado dos arquivos hoje liberados da Secretaria de Segurança Pública, há uma anotação a meu respeito: "Violenta na expressão de idéias contra a Revolução. Dissertação de Mestrado. Comprometedora".

O referido mestrado, em julho daquele mesmo ano, marcaria a primeira dissertação defendida de ciências da comunicação da USP que, por sua vez, antecipava, na América Latina, a pós-graduação na área. Transformada em livro pouco depois, originaria o título *Notícia, um produto à venda – jornalismo na sociedade industrial*, que dos anos 1970 até hoje passou por duas editoras em várias edições. Atualmente na Summus, o "comprometedor" mestrado, segundo o regime autoritário, circula amplamente nos cursos de Jornalismo do País.

Notícia... ampliava as perspectivas experimentais de *A arte de tecer o presente* para uma análise da estrutura da mensagem jornalística e se propunha a verificar o processo de produção da notícia. Havia então uma bibliografia que examinava a indústria cultural da perspectiva sociológica. Esse tema, muito ao gosto dos anos 1970, analisava o processo de uma perspectiva externa, ignorando as forças contraditórias que estão presentes na empresa jornalística e no fazer cotidiano da notícia.

Enquanto *A arte de tecer...* focalizava os desafios da grande narrativa autoral (nomeada como reportagem interpretativa, investigativa, literária, conforme as correntes que se sucederam ao novo jornalismo), em *Notícia, um produto à venda* o foco se deslocava para as dinâmicas jornalísticas na sociedade urbana e industrial, tomando a notícia como estrutura nuclear. As disciplinas acadêmicas que iam povoando o currículo de Jornalismo no início dessa década refletiam as linhas de pesquisa que a ECA-USP desenvolvia: jornalismo informativo, jornalismo interpretativo e jornalismo opinativo.

Na situação histórica da época, o estudo da noção racional de interpretação, das forças socioempresariais ou das arquetípicas que estão presentes no jornalismo, era julgado como *violento e comprometedor* pelo regime repressivo que sufocava a experiência e as mentalidades nos anos 1970. Explica-se aí a ênfase do rigor racionalista e o empenho na produção noticiosa com aprofundamento sutil e decifrador da informação sonegada à cidadania.

No final da década, outro trabalho – dessa vez encomendado pelo Centro Interamericano de Estudios Superiores de Periodismo (Ciespal) que, a partir do Equador, formava uma biblioteca de autores latino-americanos – abordava alguns aspectos da luta histórica do jornalista, da regulamentação profissional e dos esforços de qualificação por meio da universidade e da pesquisa. *El rol del periodista* (1979) saiu depois em português pela editora Forense, com o título *Profissão jornalista, responsabilidade social*. Hoje circula também numa edição cubana.

O retrospecto dessa fase da minha vida intelectual vem, pois, pontuado pela ação racionalista, cuja obsessão é perseguir e desvendar a realidade presente. O contexto histórico das sociedades latino-americanas sob regimes autoritários mobilizava a resistência e a criação de uma linguagem de sutilezas. As estratégias narrativas, como dizem as súmulas do Deops, se desenvolviam no sentido de driblar, pela competência, a denúncia dos censores. Para contar o que se passava à volta, era preciso engenho e arte. Muitas vezes, a interpretação dos fatos vinha no subtexto, na metáfora ou na fábula.

Em *A arte de tecer...*, no entanto, aparecia desde logo uma inquietude afetiva que se contrapunha ao método racional da interpretação. Quando se enfrenta, na comunicação social, a experiência da rua e se vai ao mundo para resgatar os perfis dos protagonistas sociais, sobretudo aqueles que ainda não se consagraram como vedetes (olimpianos, segundo Edgar Morin), não está em jogo a razão ou a irracionalidade. Emerge uma esfera que transcende a dicotomia racional/irracional: o universo fluido e misterioso da *não-racionalidade*.

Quando se constrói um personagem ou uma história de vida, as fronteiras do real e do imaginário se diluem. O método do questionário em uma entrevista com a pré-pauta estabelecida tem resultados previsíveis. Cai por terra a assepsia racionalista na interação humana criadora de um encontro sem cartas marcadas. Também a crença de um rigor profissional que chegue ao retrato objetivo da realidade, em última instância à verdade, só persiste em mentes arrogantes. A humanização pretendida em *A arte de tecer...* mexia com a esfera não controlável da *decifração*.

Particularmente, eu reconhecia essa fragilidade do edifício racional há algum tempo. Meu primeiro trabalho de imprensa com estilo de perfil aconteceu em Porto Alegre, no início dos anos 1960, na extinta *Revista do Globo*. Olhando à distância, pressinto coincidên-

A ARTE DE TECER O PRESENTE   131

cias mágicas. Descobri um artista que começara a pintar aos sessenta anos; um bem-sucedido pequeno comerciante, chefe de família responsável, sujeito cumpridor dos deveres cívicos, acomodado na disciplina cotidiana. Pois, em determinado momento, Benjamin Averbuck quebrou os pratos, liquidou a loja no Bonfim, bairro tradicional dos judeus na capital gaúcha, e se entregou à arte. *Pintei* essa história com as tintas mais afetivas possíveis. Devo ter intuído o que hoje entendo por *afeto*: estava perfeitamente *afeta* ao meu personagem, e essa era uma narrativa de pessoas afetas uma à outra. A cumplicidade – ou comunhão – não resultava em um relato árido de reconstituição de uma biografia, mas a aventura surpreendente de uma vida. Averbuck ficou emocionado com a matéria que saiu na revista e me presenteou com meu retrato a traço de *crayon*.

O mistério se amplia quando penso que foi de um artista anônimo o meu primeiro perfil. Surgiram, na escritura de uma matéria jornalística, vestígios literários tão cultivados nas leituras desde o fim da infância, em toda a adolescência e chegando a certa sistematização no curso de Letras (paralelamente ao de Jornalismo) na Universidade Federal do Rio Grande do Sul. Estaria em gestação aquilo que viria a eclodir na década de 1980: o mergulho no *modo de ser, mo'dizer* e em *povo e personagem*. Protagonistas anônimos do cotidiano, espelhados nos personagens da arte, tecem a aventura humana da realidade social. Há, nesses enredos do caos da história, gritos e sussurros, violências e farras, sobrevivências e tragédias da exclusão que não cabem numa razão quadriculada pelo rigor do método. É preciso abrir os poros da sensibilidade para que os impulsos afetuosos da não-razão abalem a razão arrogante.

Ainda uma vez a intuição me proporcionou uma sacudida nas fórmulas profissionais. Nos alvores dos anos 1980, como editora de Artes e Espetáculos do jornal *O Estado de S.Paulo* (de 1975 a 1985), viajava seguidamente a trabalho para a Europa e passava por Portugal e pelo Porto. Mas só em 1981 tomei a decisão de *gastar* um mês de férias viajando à toa na terra de origem. Ao atravessar um campo no Algarve, o cheiro das figueiras me invadiu: fui tomada pelo desassossego. Aquele era um cheiro de infância que me conduzia para um tempo e um espaço fora do meu controle, muito distinto do contexto de resistência que se vivia no Brasil e na América Latina.

Fui forçada a prestar atenção ao alarme disparado no meu subconsciente e afloraram impulsos do inconsciente coletivo que trazemos sob o manto das defesas racionalistas. No campo de figueiras plantadas à beira-mar, a razão abalada pelas inquietudes intuitivas veio à tona com a pergunta perplexa: afinal, quem seria o português contemporâneo? Editora de um grande jornal, com a vida e a paixão assentadas no Brasil, mas sem poder abstrair o território de nascimento, sabia muito pouco daquela gente.

Delineou-se então um projeto profissional que se misturava com o projeto existencial. E daqueles primeiros anos da década até 1987, me lancei à empreitada de, com a ajuda das literaturas, chegar mais perto dos povos. O que era uma interrogação localizada se expandiu nos três continentes: precisava ir ao encontro dos portugueses, africanos e brasileiros contemporâneos. As técnicas consagradas da reportagem eram muito pobres para uma narrativa de viagem que não queria *explicar,* mas tentar *compreender* esse presente ao mesmo tempo tão próximo e tão cifrado.

A aventurosa e, ao mesmo tempo, sofrida navegação mobiliza a plenitude da inteligência humana na tríade sentir-pensar-agir. A percepção sensível do real imediato e dos protagonistas anônimos ativa a razão para pesquisar os elos do contexto atual, das raízes históricas, culturais, míticas. Vem, sem pedir licença, a confluência com o mundo das idéias e dos diagnósticos guardados no acervo bibliográfico ou nos enunciados pelas fontes especializadas.

Aquela metodologia desenvolvida em 1972 na USP alicerçou o trabalho empírico, tanto na pesquisa acadêmica quanto na reportagem interpretativa. No entanto, a aceitação dos impulsos intuitivos na relação com o mundo e com o humano ser ultrapassa a simples disciplina racional. O sentir-pensar funde a energia do encantamento ou da indignação com o trabalho sistemático da organização de informações. A descoberta do real simbólico e não apenas do real concreto, em geral mapeado por esquemas partitivos, conduz a um pensar interrogativo. Vivo e trabalho, procuro o método para me expressar: a narrativa interroga, abre reticências, assume a ambigüidade poética.

O contato com a diversidade cultural e a fruição da literatura deu vigor à ousadia na década de 1980. A angústia racional, aguçada na ditadura dos anos 1960 a 1970, começa a baixar a guarda e a permitir a esperança na superação do caos. O contato com a situação-limite da humanidade na África foi decisivo. *Malgré tout,* diriam os franceses, encontrei o povo se narrando em personagens épicos as crianças nas ruas de Maputo, Luanda, Bissau proclamando alegria e fé na resistência. Como se dissessem, em 1986, *vamos chegar ao século XXI*.

Nesse mesmo ano, eu voltaria à Universidade de São Paulo depois de uma década de afastamento involuntário. A pesquisa interrompida em 1975, com a defesa do mestrado, seria retomada sob duas inspirações – o *diálogo social* e a inter e transdisciplinaridade na *crise de paradigmas*. A linguagem dialógica, ou *signo da relação*, experimentou, ao longo dos últimos 17 anos, um domínio inesgotável que não se contém na tradicional técnica da entrevista. Os modos de ser e os modos de dizer se narram na singular esfericidade das pessoas. Os autores da narrativa da contemporaneidade abdicam então da arrogante divulgação dos fatos, rejeitam o protagonismo oficial e questionam os juízos de valor estereotipados.

As literaturas e outras expressões artísticas exibem surpreendente *competência*: narrar para tentar compreender o mundo à volta no ato lúdico ou na linguagem onírica. Nos laboratórios de narrativa desenvolvidos na USP e em outras universidades dos anos 1980 em diante, o estudante bebe das águas artísticas para se imunizar dos vícios monológicos das técnicas consagradas. Estas, na rotina técnica, esquematizam, desvitalizam, desidratam as sagas humanas.

Encontrar o código *eficiente* para se expressar não é complicado. O que ocorre nas rotinas profissionais é a gramaticalização de fórmulas vazias de expressão-conteúdo. A produção de sentidos se tece no grito de muitos galos, voltando a João Cabral de Melo Neto. Constrói-se um relato impregnado pela concepção de mundo, que, por sua vez, vem da construção social dos sentidos. Embora uma assinatura de autor culmine o processo, a narrativa não é um ato solitário. Da experiência social à histórica e cultural, do esforço consciente interpretativo às forças incontroláveis do inconsciente coletivo, afloram significados aproximativos da realidade, mas jamais um retrato chapado. A partir do real concreto constrói-se um real simbólico.

O artista se integra ao sonho coletivo, mas procura nele alguma verossimilhança com a realidade; o autor de narrativas, cuja referência é a realidade, se defronta com os mistérios do imaginário. Tanto um, na fantasia emancipatória, quanto outro, no rigor e fidelidade realistas, criam uma narrativa autoral, única na poética e nas referências ao mundo concreto.

O diálogo com esse mundo se manifesta no cotidiano, na arte e na ciência. No Projeto Plural, que acumulou perguntas, reflexões e aprendizados de 1980 em diante, registra-se, de forma sistemática, a riqueza dos encontros interdisciplinares. Embora situados no domínio dos especialistas de várias áreas de conhecimento, a fertilidade dialógica irriga qualquer oficina específica. Assim, no que tange à proposta de Narrativas da Contemporaneidade, pesquisa desenvolvida nos grupos de graduação ou de pós-graduação (mestrandos e doutorandos), jovens e Programa da Terceira Idade, as contribuições disciplinares se tecem, primeiro, na escuta interdisciplinar e, muito rapidamente, se entrelaçam na transcendência das disciplinas científicas ou, como tem dito o escritor Sinval Medina, na *indisciplinaridade* da arte.

O percurso pode começar por questões metodológicas, mas a ciência e a reflexão epistemológica sempre vão desaguar nas conseqüências humanas do conhecimento. Nesta construção-desconstrução da epistemologia pragmática e da história do saber científico, aparecem os fundamentos éticos e as ferramentas mentais responsáveis pelas visões de mundo. Técnicas e tecnologias se desenvolvem, mas as inovações que vão intervir na natureza carregam consigo os dilemas morais.

Os diálogos interdisciplinares dos anos 1990 enriqueceram a prática da razão complexa, inquieta, interrogativa, afetada pela experiência solidária. Se o *gesto da arte* ressensibiliza a relação humana, a inteligência lógico-analítica questiona os paradigmas reducionistas. Assim, a voz ousada dos epistemólogos, originários das ciências da natureza, biológicas ou humanas, aciona sinais de alerta nas visões ingênuas, maniqueístas. Em outras palavras, aqueles que raciocinam em termos de causa e efeito, bem e mal, certo e errado, de etapas lineares e progressivas, de fronteiras entre o sujeito e o objeto. A visão processual contemporânea, conscientizada no âmago da ciência, leva a inteligência natural ao exercício da complexidade. O ser humano não corre o risco de se ver superado pela inteligência artificial. A neo-escravização à máquina atrofia a competência para articular sentidos, pensar em rede. A exclusão das tecnologias acentua, em contrapartida, a subcidadania. Cidadão por inteiro é o que usa a máquina para escrever (*lato sensu*) com autonomia e criatividade.

A narrativa da contemporaneidade persegue o registro da escritura; não importa qual o código, ela se afirma na polifonia e na polissemia, no diálogo dos diferentes, no processo do contraditório. No

A ARTE DE TECER O PRESENTE

intertexto da cultura e da história corre o subtexto do inconsciente coletivo: aí está a linguagem mítica para mostrar a transcendência do texto da consciência analítica. Na convivência da narrativa de referência ao real e da poética do surreal, rompe-se a couraça da dogmática positivista. A ação social se faz presente: a narrativa se cumpre tanto na espiral dos afetos quanto na esfericidade dos argumentos. Razão e emoção se completam na plenitude inteligente da transformação do real – o caos funda um cosmos.

A oficina pedagógica é trabalhosa. Anos e anos, gerações e gerações que têm passado pelos estudos e oficinas da Narrativa da Contemporaneidade, enquanto disciplina acadêmica, se movem em um ciclo de aprendizado surpreendente e encantador. O que poderia cansar, desencadeia energias renovadoras. Algumas constantes, porém, se repetem. Até os autores se despojarem dos conceitos cristalizados, das ideologias dogmáticas, da atrofia intuitiva, vão alguns momentos de angústia intelectual, às vezes de um desalento mal disfarçado.

Atividade laboratorial e pesquisa teórica, porém, constituem, em cada aula, um ato criativo da educação. Não valem as fórmulas ou escolas de pensamento definitivas. A construção de uma narrativa ética, técnica e esteticamente singular é, como aprendi com os artistas, 90% de transpiração e 10% de incontrolável intuição. Para que se abram os poros e se devolva à expressão a inspiração, é preciso superar os facilitismos: das certezas ideológicas, das idéias prontas, da insensibilidade ou desrespeito perante a cifração do mundo e seus protagonistas.

História, arte, cultura e epistemologia ajudam a desconstrução dos espíritos armados, ou, mais cruamente, dos pobres de espírito. Sutileza e complexidade na compreensão de mundo vão desaguar numa narrativa original. O autor abandona a arrogância de dono da verdade e mergulha com delicadeza no pântano anônimo do cotidiano incerto e não sabido. Ao se relacionar com os parceiros da aventura contemporânea, experimenta a interação sujeito-sujeito, bem diferente do enquadramento do outro como objeto de seu relato. Um típico vício reducionista deve ser abandonado – a obsessão de que tudo tem um fator causante. Uma situação humana e social seria provocada por causa determinada. Nesse contexto, há sempre uma luta de bandido e mocinho. O pensamento complexo lida com a inter e multicausalidade das coisas. Os maniqueísmos denotam uma visão deformada que dicotomiza os seres em constante contradição, em movimento, esféricos e não-planos. A inteligência plena não raciocina também em termos de certo e errado, numa fragmentação estanque que desconhece a noção de coerência, de encaixe e sustentação no todo.

O pensar complexo seduz os intelectuais expostos aos avanços da ciência, como a microfísica ou a filosofia da ciência e a epistemologia. Ensaístas como Edgar Morin, apóstolo da complexidade da segunda metade do século xx em diante, e especialistas que provêm das ciências da natureza como Ilya Prigogine – só para citar dois nomes entre tantos – sacudiram certas inércias do relato científico. Os epistemólogos que debatem as grandezas e as limitações do método científico não desqualificam, por princípio, a narrativa da arte. Pelo contrário, no limite do conhecimento científico há uma fusão com o maravilhoso poético. Tome-se o romance como narrativa de fôlego: a saga ficcional se tece entre sujeitos, o enredo é processo, as forças da ação são pluricausais, os personagens agem no calor das contradições individuais, e seus modos de ser e de dizer não se dividem primariamente em certos e errados. Mikhail Bakhtin[35] analisou como poucos a grandeza deste processo narrativo em que o autor escreve para compreender o mundo humano em sociedade e os conflitos internos dos protagonistas-personagens. O autor russo reconhece a dialogia na ficção romanesca, quando a maioria dos teóricos de sua época e contexto (revolução soviética) situa o gênero como a expressão literária típica da ascensão da burguesia. Para Bakhtin, o romance contribui com profundos alicerces para polifonia e polissemia democrática.

Re-unindo a arte à ciência e trazendo a oficina para o mundo vivo, os aprendizes e estudiosos desabrocham um conteúdo narrativo tão criativo quanto solidário, tão intuitivo quanto analítico. Ao narrar, o escritor mobiliza múltiplos narradores literários, muitos co-autores e receptores da mensagem. A intertextualidade existe antes, durante e depois de uma escritura. O presente se tece na ação coletiva da primeira realidade e se emaranha e retece na realidade simbólica das narrativas. Por que o relato científico ou jornalístico tem medo da metáfora, da polifonia e da polissemia? Por que rejeita a ambigüidade poética?

---

35. BAKHTIN, Mikhail. *Questões de literatura e de estética, a teoria do romance*, São Paulo, Hucitec, 1988.

Para além da seca

Os bichos estão insatisfeitos. Na terra, tudo semi-árido; as árvores, nuas; as pessoas, magras, tristes, desterradas. A aridez se espalha na longa espera da chuva. Enquanto a alegria do bailarico já se foi e os frutos desapareceram da plantação, José Antônio da Silva, o pintor, descoloriu o trópico.

Seria desespero, desesperança? Aqueles bichos oníricos, metade animal, metade fantasia, recusam a inércia. Do nada que os veste, extraem a força do vôo: parecem prontos para a viagem. Em que árvore florida irão pousar? Não importa. O toque misterioso do artista deserta da fatalidade para abrir as asas e descolar os pés, as patas, do chão duro, dos ramos secos.

Exercício de leitura cultural perante um
quadro de José Antônio da Silva.

Sublinhando
a oficina

A oficina de *narrativas da contemporaneidade*, desenvolvida semestralmente na USP e em cursos em outras universidades, enfrenta os desafios da tríade sentir-pensar-agir, o que constitui, na minha perspectiva, a plenitude da inteligência natural. A percepção, a observação e a leitura do real imediato podem se expressar em um relato mais ou menos criativo, mais ou menos atrofiado. Uma inteligência ágil, disciplinada e intuitiva desborda numa narrativa que reencena o mundo e os protagonistas que nele se movimentam; uma inteligência sensível, afetuosa ou emocionada, mergulha no intimismo da situação ou a transcende na poética; e uma inteligência analítica ensaia a decifração possível do que se apresenta na aparência indecifrável.

Para essa prática pedagógica, trago obras de arte ou solicito dos alunos a observação de uma situação pública. Em ambos os casos, as leituras que fazem – perante uma fotografia, uma escultura, um texto literário, uma música, na arte, e um flagrante de rua, na realidade cotidiana – provocam a discussão de grupo. Os estudantes lêem os relatos e aparece, de imediato, um traço majoritário: a racionalidade esquemática, ávida por emitir juízos de valor. Só com sucessivos laboratórios o estudioso vai liberando as virtualidades atrofiadas. Diante de uma pintura, por exemplo, que *encena* a ação dos protagonistas, apenas dois ou três de um grupo de vinte ou trin-

A ARTE DE TECER O PRESENTE   139

ta alunos se sensibilizam e narram, em seu texto, a aventura, o movimento da outra narrativa, a da representação pictórica. Da mesma forma, ao observar um fato cotidiano, o relato predominante na oficina é aquele que, ao fazer uma sinopse esquemática, expressa logo uma análise, uma leitura crítica.

Mais rara é a presença de participantes das oficinas que se abrem para uma leitura intimista, que se permitem a relação afetiva sujeito-sujeito. Ou seja, o que aquele artista diz tem a ver com a própria vida. Nessa troca de mensagens, a leitura mostra originalidade. Normalmente há uma incidência mínima de autores com essa autonomia poética, libertos do esquematismo conceitual. A conscientização desse limite produz resultados muito gratificantes na dinâmica de grupo. Uns se cotejam com os outros, cada pesquisador olha com atenção a sua hegemonia interna – *sou mais lógico-analítico, mais motor-operacional, mais intuitivo-sintético?* No desenrolar dos laboratórios vai se chegando à narrativa que põe em destaque a historinha de ação, mergulha no intimismo dos protagonistas e daí se deduzem, no subtexto, uma concepção, uma interrogação judicativa.

Para acelerar o processo de estudo, tem sido muito útil a minha participação nos exercícios, de mãos dadas com os alunos. Tanto no laboratório universitário perante uma obra de arte quanto na observação de um flagrante de rua, acompanho os alunos e escrevo no mesmo tempo que eles uma pequena história. Após a leitura grupal se concluir, introduzo a minha narrativa. Ao comentar os problemas, em geral, a predominância do esquematismo conceitual, está ali meu texto, alguns outros dos alunos que apontam para caminhos diversos. Raramente, porém, ocorre a liberdade de uma leitura cultural como a que apresentei perante um quadro de José Antônio da Silva (texto intitulado "Para além da seca", transcrito antes deste capítulo). A maioria se comporta dentro das expectativas ou de avaliação crítica ou de descrição partitiva dos traços de superfície.

Essa estratégia pedagógica alcançou um surpreendente resultado em Campo Grande, Mato Grosso do Sul, em março de 2003. Estudantes de Jornalismo das universidades locais deram uma virada de 360 graus de um dia para outro, na oficina que estava desenvolvendo com eles em seis horas de trabalho. As primeiras três horas culminaram com um texto espontâneo quase homogêneo, escrito após terem assistido a um documentário muito provocador – *Nhô caboclo*, de Hermano Penna. Os quarenta participantes fizeram uma série de comentários sobre a identidade brasileira, navegaram exclusivamente no mundo da abstração ideológica, assumiram o tom do pregador ou do tribuno que quer persuadir o mundo a respeito de determinados valores. Como escrevi junto com os alunos, e o texto que li saía por outro caminho, contava a saga de uma protagonista carioca na praça da República do Rio de Janeiro e cuja moral da história confluía com o nhô caboclo do cineasta brasileiro, os alunos descobriram de imediato o que teoricamente eu estava propondo. No dia seguinte, trouxeram uma narrativa (a provocação era um episódio de rua em Campo Grande) totalmente diversa, ou seja, histórias humanas preciosas que abandonavam a obsessão dos juízos de valor ou a descrição partitiva.

Um sintoma positivo aparece na superação da dificuldade aparentemente intransponível de criar um narrador que, dentro da cena, passa a narrar em movimento. A técnica da rotina burocrática – o narrador de terceira pessoa, distanciado, que vai contando a história parte a parte, linear e esquematicamente – será questionada tão logo se descubra a sinestesia da cena. Outra revolução ocorre quando autor e ambiente do relato, autor e protagonistas da ação social se enlaçam como sujeito-sujeito, e não sujeito-objeto. É como se revelasse, por estalo intuitivo, que pertencemos à saga do outro e o outro se movimenta na nossa própria aventura. Perde-se então a pretensão do signo do distanciamento e a interação dos afetos constitui o signo da relação. O afundamento nessa interação social criadora elimina as barreiras da pretendida objetividade e, sem rede de proteção, caímos nos mistérios do intimismo. A salvaguarda possível é a capacidade de análise (pensar) integrada a essa perigosa experiência do sentir-agir.

A narrativa da contemporaneidade sem a ação social não passa de discurso abstrato, conceitual ou judicativo. O acontecer da atualidade torna visível (com ou sem mídias e códigos não-lingüísticos) os movimentos, os gestos ou comportamentos humanos de qualquer ser vivo. Assim, só o transeunte, aquele que passa insensível ou alheio à cena exterior, não se entusiasma com a aventura cotidiana. As forças motor-operacionais que emanam dos parceiros de história despertam a percepção do observador e desencadeiam a narrativa de ação. Se a memória ancestral de reação ao mundo lembra o fato de o ser humano se movimentar do nascimento à morte, o que dá empatia ao relato é a capacidade de um autor representar simbolica-

A ARTE DE TECER O PRESENTE 141

mente essa constante viagem, tanto nos traços trágicos, como nos traços líricos, épicos, dramáticos ou picarescos.

Mas os impulsos da ação se atrofiam, ou pela exclusão histórica dos viventes, ou pela não-competência dos que narram o presente. A contemporaneidade fica imobilizada na conceituação abstrata ou emparedada nas esquematizações ideológicas. Falta vida e sutileza à narrativa. Relatos tecnicamente bem montados, com o apoio de informações numéricas, estatísticas traduzidas em gráficos atraentes, análises generalizantes, passam ao largo da imprevisibilidade da ação humana no dia-a-dia do caos da história. Daí o êxito da arte que ressuscita o momento que acaba de expirar, num cosmos transcendente. Burocratizado e preguiçoso, um *leitor* da atualidade que aprisionou sua intuição poética produz narrativas que mais parecem relatórios opacos do que relatos que emanam energia humana.

Uma narrativa que recria o movimento e, para isso, se integra na ação social, colide com as lógicas cristalizadas da produção intelectual. Entre essas lógicas, a do discurso opinativo é hegemônica. As rotinas técnicas do jornalismo, por exemplo, embora estabeleçam fronteiras estritas entre opinião e reportagem, quase nunca logram na cobertura dos fatos sociais a narrativa viva. Há um domínio simbólico que rompe com essas rotinas técnicas e dá passagem ao contato sensível e intuitivo com o outro. A tecelagem se cria na penumbra do subconsciente, na magia do inconsciente. Aí brota uma emoção solidária densa e tensa. Basta percorrer as mitologias que, em seus núcleos sintéticos, encontramos os desejos profundos e recorrentes das utopias humanas. Uma narrativa se humaniza na contaminação intuitivo-sintética com a subjetivação. Estar afeto aos protagonistas e à cena que eles tramam demanda um exercício constante de despoluição da consciência racionalista que tudo instrumentaliza. É preciso restaurar a respiração profunda da interação social criadora.

Para além dos atos visíveis dos sujeitos sociais, há outros sinais que levam ao intimismo do acontecimento. Nesse real não aparente se alojam valores, sentidos e motivações não contemplados pela representação dos dados materiais, objetivos. Nos laboratórios pedagógicos em que, gradualmente, se enfrentam as atrofias, vem o momento em que se torna indispensável complementar a observação – treinada para captar dados concretos – com a liberdade intuitiva que percebe significados subjacentes e não explicáveis pelo discurso apoiado em cifras. Nisso os artistas mostram outra competência: a singularidade encantadora da fantasia. A metáfora abre os portões de ferro da racionalidade esquemática.

A ousadia e a descontração no ato relacional leva à descoberta de significados subjacentes, culturais, míticos: a narrativa desliza para a dimensão universalista que transcende a contingência histórica. No entanto, a consciência analítica dá um sinal de alerta: aumentam os riscos. As interações mais ameaçadoras são aquelas que fogem da regência lógica. Os profissionais da narrativa de atualidade – os jornalistas – experimentam diariamente o perigo. Os psicólogos, psicanalistas e psiquiatras buscam com persistência a imunidade para caminhar à beira do abismo. Os artistas enlouquecem. Estariam todos no hospício (muitas vezes se perguntam se não deveriam assumir o Manicômio-Terra), não fosse o afloramento de uma razão ao mesmo tempo irrigada pela sensibilidade e temperada na disciplina motora. No deslocamento da racionalidade para a emoção intuitiva e da sensibilidade para a razão, disparam os alarmes contra a irracionalidade. Esta não é sinônimo de emoção, e sim de inteligência racional atrofiada, por falta do toque intuitivo da sensibilidade. O equilíbrio do sentir-pensar-agir se revela numa narrativa ao mesmo tempo consistente, poética e transformadora. A irracionalidade joga contra tudo isso.

Os exercícios nas oficinas recuperam então a razão complexa. A coerência e consistência dos dados de análise, a armação de nexos e de intercausalidades em determinado contexto social se cruzam com a experiência viva do cotidiano e as tramas de seus heróis. A construção informativa se soma à dramatização, que vai tecendo algumas especulações analíticas. A polifonia das significações do real contemporâneo pavimenta estradas de tempos múltiplos (histórico, sociocultural, mítico) que tanto recorrem às leituras do passado quanto às interrogantes do futuro. A dogmática dos diagnósticos e prognósticos preconcebidos se desmonta no trabalho de campo, na escuta das visões contraditórias. Estimula-se, então, a inteligência atrofiada. A virtual capacidade lógico-analítica se enriquece, quando o leitor cultural do presente circula no mundo vivo e interage no protagonismo social. Os testemunhos da oratura cotidiana abalam as certezas ideológicas e buscam uma outra textura no jogo das verdades e das mentiras.

A complexidade da inteligência humana, enquanto desafio pedagógico, precede, na pesquisa e nas oficinas que desenvolvo, as

A ARTE DE TECER O PRESENTE

angústias formais da narrativa. A partir de 1987, esse processo se manteve, e é possível falar de uma modulação de resultados. Tomado o calendário escolar, um semestre de estudos e experimentação constitui um ritmo pedagógico em que acontece a mudança de visão de mundo, atitudes e estilo narrativo. A compreensão do projeto se expande no grupo (de vinte a trinta alunos, hoje de todas as idades) e a adesão à oficina ocorre nos primeiros momentos. Nos laboratórios, a exposição à arte é mais decisiva do que qualquer proposta teórica para acelerar a mobilização da inteligência triádica. O sentir-pensar-agir se instaura como método de observação da realidade contemporânea e a observação objetivista se desconstrói na observação participativa (conquista já consagrada na antropologia). No limite da entrega humana, perde-se o medo da observação-experiência. Quando, no período de férias escolares, os alunos aplicam a aprendizagem à construção de um livro (São Paulo de Perfil), a oficina da narrativa literária – com acento no código lingüístico – vem in-formada da experiência com o mundo e o outro.

A criação de narradores, uma vez que estes não se confundem com o autor, responde ao impulso dialógico, e não ao autoritarismo monológico. As cenas que compõem a dramaturgia narrativa nascem da percepção viva de quem foi ao mundo e não se fechou na couraça dos que não viram, não cheiraram, não tocaram, não ouviram nem degustaram – aqueles relatos preconceituosos que sabem de antemão o que vão descrever. As perspectivas analíticas ensaiam então perguntas originais, inquietantes, sem fixar a arrogância persuasiva, com a pretensão de fazer a cabeça do receptor a fórceps. A forma de narrar não baixa do céu de graça, mas a graça de sentir profundamente o mundo e o outro, em movimento, encurta os caminhos nunca dantes navegados. A dor permanece na razão direta da disciplina solidária. O autor da narrativa quer devolver em símbolos legítimos e verossímeis o esforço racional da fidelidade. A ética mobiliza a técnica. Lá do outro lado estará um leitor também autor. A busca estética se molda na comunhão poética. O que parece fragmentado pode ser retecido na comunicação social. O trabalho dos mediadores artesãos se torna autoral.

Atravessagem

Este texto tem por marco inaugural o esforço para compreender as ferramentas interpretativas da reportagem em *A arte de tecer o presente* de 1973. Paulo Roberto Leandro e eu assinamos esse livro artesanal em tempos de contracultura, uma publicação que se esgotou em seis meses. Desde então, pensávamos na reedição, que foi sendo adiada há três décadas. Nem seria possível publicar hoje esse diário de bordo da primeira experiência à qual se acrescentaram inúmeras peripécias na aventura do fazer e do pensar. O co-autor registra, em um posfácio, as próprias marcas do tempo.

Não há nada definitivo nesta atravessagem. Foram-se trinta anos e não se sabe o que vem pela frente. Senti-me muitas vezes compelida a voltar à primeira pesquisa de caráter teórico, reflexivo, mas me sentia na maré revolta que me projetava para a frente. Outros livros saíam e *A arte de tecer...* ficava na memória bibliográfica, quem sabe em práticas de autores que se inquietaram com as inércias do jornalismo, da reportagem, e aceitaram com generosidade as tendências de aprofundamento apontadas naquele texto pioneiro.

Em 2002, um grupo de jovens estudantes da Universidade Federal da Paraíba me encostou à parede, após a participação em um congresso de comunicação. Foram impiedosos: *Afinal, você vai ou não vai reeditar o* A arte de tecer o presente? O artigo definido era enfático. O livro, texto mimeografado e fotolitos de páginas dos jornais do

A ARTE DE TECER O PRESENTE

época, impresso na gráfica da Escola de Comunicações e Artes da USP, percorreu caminhos subterrâneos e sobreviveu à erosão do tempo. Reaparecia na cobrança da primeira geração de alunos de comunicação social do século XXI.

Respeitei esta intrigante demanda e me pus a trabalhar no verão de 2002-03.

Em meio ao resgate de alguns textos e à criação de outros, não foi de todo difícil a ordenação de capítulos. No fundo, exibem a inconformidade com a dicotomia teoria e prática. A ondulação irrequieta e irreverente desta confissão de fé e paixão se faz no embate recorrente, em que se tece a narrativa e a reflexão a ela inerentes. O que me lembra um *narrador* da literatura brasileira, personagem de Sinval Medina em seu romance *Memorial de Santa Cruz* (1982). Com a devida permissão do companheiro de quatro décadas, faço minhas as suas palavras poéticas:

Através do rio, não à margem,
É que se fere a luta da atravessagem.
Através do rio, líquido leito,
Arranquei meus olhos para ver direito.
Pelo rio em chamas, ácido braço,
Vou sem vela ou leme, por um rumo que não traço.
Não escolho o rio que atravesso
Nem sei direito, no meio da corrente,
Se estou de partida ou de regresso.

Trova atribuída a Brasil de Santa Cruz.

Posfácio

**Lembra, lembra,
da ameaça do temor...**

(De uma canção entoada por Milton Nascimento)

Ousadia é marca registrada de toda a trajetória profissional e pessoal de Cremilda Medina. Em 1972, numa Semana de Estudos de Jornalismo promovida pela Escola de Comunicações e Artes da USP, proferiu frase definitiva sobre a forma como encarava o duplo exercício da arte de tecer o presente: "Não basta fazer. É preciso refletir sobre o fazer".

Não me lembro de jamais tê-la visto se afastar de tal princípio. Este livro é novo exemplo. Oceano de dúvidas e bóias de conceitos. Sobretudo, coragem no mergulho.

Parte, cada vez mais envolvida, no processo de indústria cultural, o jornalismo requer atenção constante, vigilância insone. Porque apela para soluções fáceis, massageia o ego e se justifica com explicações simplórias de luta por leitores ou conquista de audiência. Num lufa-lufa que se renova a cada edição ou fechamento – na gíria de redação –, estimula o clichê, carimba desempenhos e ignora, com freqüência, a matéria-prima da vida.

Alertar é preciso. Antonio Olinto, em *Jornalismo e literatura*, chamava a atenção para o fato de que a arte de escrever se confundia com escrever com arte. Dilema fundamental para o jornalista que, ao se servir do mesmo código, a língua, se vê fadado a renunciar ao papel de autor para o de intermediário. O artista torna visível, como cita Cremilda, e o jornalista tem como meta mostrar o visível. Limite escorregadio e ardiloso. Porque agir como um artista, sensível e atento à infinita criatividade do ser humano ao representar a si mesmo e resgatar sua grandeza para devolver essa riqueza a seus pares, significa tarefa de gente grande, na formação intelectual e na busca incansável do aprimoramento pessoal.

O texto reflexivo, a abordagem múltipla, a consciência das próprias limitações e a inquietação crítica da vida acadêmica funcionam como o grilo falante, atento a fiscalizar vaidades, a cobrar humildades, a questionar escolhas precipitadas.

A vida moderna, que satura o freguês de ofertas supostamente culturais, acentua o desafio. Atualmente se tem acesso a tudo *on-line*. O cotidiano, repleto de nuances, se vê travestido com ares de *reality show*. Uma interminável encenação de performances vazias que preenche o ócio intelectual, embota a emoção e reproduz, com acabamento às vezes impecável, conversas de comadres e compadres, recheadas de estereótipos e preconceitos. A informação bruta, que se verte aos borbotões em qualquer agência dos correios ou *cybercafés*, substitui a emoção real do contato entre humanos. E fornece ampla munição para a guerra dos pseudo-intérpretes da palavra do poder.

A indústria cultural, nesse sentido, corre o sério risco de se transformar em instrumento de dominação, em anestésico para as dores e os autênticos prazeres da vida.

O Jornalismo – a maiúscula aqui é proposital – tem deveres para com esse quadro. Cabe a essa profissão, em particular, inocular o indivíduo na história em busca do universal. Remeter o particular para seu contexto, investir em sua identidade e contribuir para a identificação social.

O fenômeno é conhecido. Edwin Emmery, em *História da imprensa*, cita o fato de que o surgimento da classe trabalhadora urbana, durante a Revolução Industrial, gerou a imprensa popular. A que se inaugurou com preço barato, tom sensacionalista e a invenção do Yellow Kid. À defesa veemente de teses políticas se juntava o esforço para agregar leitores. No Brasil de hoje, leia-se a revista *Época* de nú-

A ARTE DE TECER O PRESENTE

mero 251, datada de 10 março de 2003 (a fonte é pesquisa DO IBGE), e se constate que a classe C foi a que mais cresceu graças ao contingente das classes D e E, que migrou para o alto. Isso representa crescimento de consumidores. Que com baixo poder aquisitivo – econômico e cultural, o binômio se impõe – alimenta a ânsia de produtos pirateados e mágicos da realidade imediata. Só a inoculação da realidade se contrapõe, com o tempo, a essa exploração do coletivo.

Onde a miséria, a majestade do humano. Onde a tragédia, o heroísmo da sobrevivência. Onde o egoísmo, a fraternidade. Onde a condenação do presente, a fé no futuro. Nesse caldo de contradições, o jornalista, repórter em primeira instância, pois que não há um sem o outro, encontra as pontas de que necessita para tecer o presente.

Para isso, contudo, o jornalista carece de uma razoável dose de audácia e temperança. Ter o nome estampado em reportagem de jornal ou o rosto exibido em reportagem de televisão corrói o senso ético. Narciso que o diga. O hábito de pouca democracia se impregna nas atitudes profissionais. Descobrir o outro, revelá-lo para os outros reivindica renúncia e coragem. Desvestir-se das crenças pessoais, das histórias de classe e família, da fama efêmera, do sucesso com o chefe circunstancial, das facilidades momentâneas e, literalmente, como se dizia há alguns anos, "pisar no barro", é um salto no escuro.

São várias as etapas. Abrir-se, aprender a ouvir, a respeitar o diverso, a lidar com os desiguais, a ser descrente e apurar, a recuperar visões distintas, a eleger o pequeno como parte essencial do todo e a todos tratar igualmente. Porque nessa tarefa o que equivale é a humanidade. E a informação bem trabalhada é patrimônio da humanidade. Seja entre as mulheres afegãs, as africanas esterilizadas, as nordestinas famintas e malcuidadas, as modelos tornadas objetos de consumo ou os senhores de todos os poderes.

O jornalista, mal da profissão, é alvo de armadilhas. Porque o que se lê, se ouve no rádio ou se vê na televisão parece verdade. A consciência da falibilidade e a determinação em superá-la podem fazer do ofício um bem ou, à falta delas, um desastre.

Devoção sublime, filme antigo que tem James Stewart no papel de repórter de um grande e influente jornal de Chicago nos anos 1930, toca fundo nesse nó da profissão. Destacado para levantar a história de um condenado a 99 anos de prisão, sob a acusação de matar um policial, ele se interroga o tempo todo. De início acredita com firmeza que o sujeito é culpado. Mas a história é humana – o homem, um imigrante polonês, casado e pai de uma filha, preenchia o figurino do assassino. De saída, o contato pessoal e a dúvida se instala. Na seqüência, demorada investigação sobre os documentos da época do crime. No meio, uma entrevista com a ex-mulher e o filho, já em novo relacionamento. Na base, o preconceito contra o diferente, o chegado de longe. O jornal vende mais, com títulos estimulantes. A família do condenado ganhou destaque na cobertura dada pelo jornal, mas revelava um segredo guardado. Chega um instante em que o presidiário pede novo encontro com o repórter e diz com raiva: "Você escreve sem emoção e, assim, sem verdade".

O propósito do novo livro de Cremilda Medina, entre outros, mexe fundo nessa angústia. Objetividade e imparcialidade têm pouco a ver com frieza. A emoção é própria do ser humano e, como tal, faz parte da realidade que o jornalismo pretende garimpar. Dona Arminda, o motorista de táxi, são tão importantes como ministros, políticos, cientistas, artistas ou mesmo jornalistas. Eles, afinal, compõem esse imenso quadro que se quer chamar de humanidade. Alguns mais hábeis e treinados para representar seu papel, outros naturalmente forjados para ser a realidade. Estabelecer um contato é agir como ponte, e não paredes.

Exercer essa missão profissional do jornalista, do repórter que é onde o ofício se define, requer coragem que, quando encarada, supera o receio e oferece o deleite diário de, em contato com o emergente, torná-lo a eternidade do novo (empresto a frase de Fernando Pessoa).

Paulo Roberto Leandro

Cremilda Medina

Jornalista, pesquisadora e professora de comunicação social, nasceu em Portugal e saiu do Porto em 1953 para se radicar no Brasil. Costuma definir sua trajetória, da infância à experiência de adolescência e vida adulta, em Porto Alegre, e após 1971, em São Paulo, como uma busca de identidade em terras banhadas pelo sol. Aí se enraizou sua profissionalização.

Atua, desde os anos de 1960, quando se formou em Jornalismo e em Letras pela Universidade Federal do Rio Grande do Sul, em duas frentes – comunicação social e pesquisa acadêmica. Atualmente é professora titular da Universidade de São Paulo, onde realizou o mestrado (1975), o doutorado (1986), a livre-docência (1989) e a titularidade (1993). Iniciou suas atividades jornalísticas e editoriais em Porto Alegre, na Editora e Revista do Globo. Em São Paulo trabalhou em vários órgãos de imprensa, bem como em telejornalismo. No jornal *O Estado de S. Paulo* (1975-1985) foi editora de artes e cultura. Autora de dez livros sobre comunicação social e literaturas de língua portuguesa, organizou também várias antologias ensaísticas sobre temas da atualidade.

Como pesquisadora da Universidade de São Paulo, coordena um projeto de livro-reportagem – *São Paulo de Perfil* – que está na 25ª edição e que aborda a identidade cultural e comportamentos da grande cidade.

Na pós-graduação, coordena outro projeto integrado de pesquisa, com caráter interdisciplinar – *Projeto Plural* – que já editou sete documentos na série *Novo Pacto da Ciência: A Crise de Paradigmas*.

É orientadora de dois cursos de pós-graduação – Ciências da Comunicação, na Escola de Comunicações e Artes, e Prolam (Programa Latino-Americano de Pós-Graduação), ambos da Universidade de São Paulo. Tem participado de congressos nacionais e internacionais. Sua contribuição em seminários, cursos de graduação, especialização, pós *lato sensu* e *stricto sensu* se estende a universidades brasileiras, bem como, em Portugal, à Universidade Fernando Pessoa.

Em outubro de 1999 foi nomeada, para a função de coordenadora da comunicação social da USP. A Coordenadoria de Comunicação Social CCS engloba todas as mídias – agência de notícias, o portal USPonline, rádio, televisão, jornal semanal, *Revista USP*, uma mídia temática trimestral e uma revista mensal para a comunidade de funcionários. Em 2000 apresentou um projeto intitulado *O Signo da Relação*, em que propõe uma nova concepção das mediações entre Ciência e Sociedade. Em 2003, apresentou um segundo projeto para Comunicação Social que abrange as estratégias das unidades e dos *campi* da USP, *Comunicação para a Cidadania*, o qual amplia o projeto *O Signo da Relação* implantado na CCS.

leia também

NOTÍCIA: UM PRODUTO À VENDA
JORNALISMO NA SOCIEDADE URBANA E INDUSTRIAL
Cremilda Medina

Este livro propõe um modelo de análise do fenômeno jornalístico que elucida vários aspectos do processamento da notícia. O tratamento das informações jornalísticas é abordado no próprio âmbito das redações, onde se cria e formula um produto para venda em banca: a notícia.
REF. 10325   ISBN 85-323-0325-0

JORNALISMO, ÉTICA E LIBERDADE
Francisco José Karam

O autor defende uma ética universal específica para o jornalista, que faça parte do processo interior do profissional e se reflita no trabalho cotidiano e na relação com a totalidade social. Analisa princípios como verdade, objetividade e exatidão, e temas como cláusula de consciência, interesse público e privacidade, métodos lícitos e ilícitos na obtenção de informação.
REF. 10597   ISBN 85-323-0597-0

O JORNALISMO NA ERA DA PUBLICIDADE
Leandro Marshall

O processo de estetização das relações sociais e culturais tem provocado a erosão do muro que separava o jornalismo da publicidade. Publicidade e propaganda passaram a submeter o jornalismo a suas imposições, o que vem atuando significativamente sobre a linguagem jornalística. Este livro analisa tal processo, bem como as consequências dessa mútua dependência.
REF. 10834   ISBN 85-323-0834-1

ÉTICA NA COMUNICAÇÃO
EDIÇÃO REVISTA
Clóvis de Barros Filho

A objetividade informativa é possível? A quem interessa a objetividade aparente da informação? Como se desenvolvem os processos de produção e recepção das mensagens informativas? Essas são as questões polêmicas que o autor se propõe a responder, abrindo uma perspectiva ética fundada no processo comunicacional, e não na simples regulamentação do trabalho informativo.
REF. 10506   ISBN 978-85-323-0506-0

IMPRESSO NA

sumago gráfica editorial ltda
rua itauna, 789 vila maria
02111-031 são paulo sp
tel e fax 11 **2955 5636**
sumago@sumago.com.br

GRÁFICA
sumago

---------- dobre aqui ----------

CARTA-RESPOSTA
NÃO É NECESSÁRIO SELAR

O SELO SERÁ PAGO POR

AVENIDA DUQUE DE CAXIAS
14-999 São Paulo/SP

---------- dobre aqui ----------

CADASTRO PARA MALA DIRETA

Recorte ou reproduza esta ficha de cadastro, envie-a completamente preenchida por correio ou fax, e receba informações atualizadas sobre nossos livros.

Nome: _____ Empresa: _____
Endereço: ☐ Res. ☐ Com. _____ Bairro: _____
CEP: _____-_____ Cidade: _____ Estado: _____ Tel.: ( ) _____
Fax: ( ) _____ E-mail: _____ Data de nascimento: _____
Profissão: _____ Professor? ☐ Sim ☐ Não Disciplina: _____

1. Você compra livros:
☐ Livrarias ☐ Feiras
☐ Telefone ☐ Correios
☐ Internet ☐ Outros. Especificar: _____

2. Onde você comprou este livro? _____

3. Você busca informações para adquirir livros por meio de:
☐ Jornais ☐ Amigos
☐ Revistas ☐ Internet
☐ Professores ☐ Outros. Especificar: _____

4. Áreas de interesse:
☐ Educação   ☐ Administração, RH
☐ Psicologia   ☐ Comunicação
☐ Corpo, Movimento, Saúde   ☐ Literatura, Poesia, Ensaios
☐ Comportamento   ☐ Viagens, Hobby, Lazer
☐ PNL

5. Nestas áreas, alguma sugestão para novos títulos? _____

6. Gostaria de receber o catálogo da editora? ☐ Sim ☐ Não

7. Gostaria de receber o Informativo Summus? ☐ Sim ☐ Não

Indique um amigo que gostaria de receber a nossa mala direta:

Nome: _____ Empresa: _____
Endereço: ☐ Res. ☐ Com. _____ Bairro: _____
CEP: _____-_____ Cidade: _____ Estado: _____ Tel.: ( ) _____
Fax: ( ) _____ E-mail: _____ Data de nascimento: _____
Profissão: _____ Professor? ☐ Sim ☐ Não Disciplina: _____

Summus Editorial
Rua Itapicuru, 613 7º andar 05006-000 São Paulo - SP Brasil Tel. (11) 3872-3322 Fax (11) 3872-7476
Internet: http://www.summus.com.br e-mail: summus@summus.com.br